普通高等教育“十四五”经济类系列教材

投　资　学

王纯旭◎主　编

黄菁芸◎副主编

中国铁道出版社有限公司
CHINA RAILWAY PUBLISHING HOUSE CO., LTD.

内容简介

本书系统地论述了投资学的基本知识与理论，反映了投资学最新的发展动态和研究成果，强调理论与实践相结合，通过案例分析和实际应用，并辅以图表，来介绍投资方面的知识。全书共八章，分别论述了证券市场与投资工具、投资环境、证券的收益与风险、投资组合分析、金融衍生市场投资分析、证券投资基金和国际投资。

本书适合作为应用型本科院校金融学、投资学等专业的教材，同时也可供从事与金融相关工作的人员参考。

图书在版编目（CIP）数据

投资学 / 王纯旭主编 .—北京：中国铁道出版社有限公司，2024.8

普通高等教育“十四五”经济类系列教材

ISBN 978-7-113-31305-0

Ⅰ.①投… Ⅱ.①王… Ⅲ.①投资学 - 高等学校 - 教材 Ⅳ.① F830.59

中国国家版本馆 CIP 数据核字（2024）第 111249 号

书　　名：投资学
作　　者：王纯旭

策　　划：潘星泉　　**编辑部电话：**（010）51873090
责任编辑：潘星泉　贾淑媛
封面设计：高博越
责任校对：刘　畅
责任印制：樊启鹏

出版发行：中国铁道出版社有限公司（100054，北京市西城区右安门西街8号）
网　　址：https://www.tdpress.com/51eds/
印　　刷：北京市泰锐印刷有限责任公司
版　　次：2024年8月第1版　2024年8月第1次印刷
开　　本：787 mm × 1 092 mm　1/16　**印张：**9.5　**字数：**236千
书　　号：ISBN 978-7-113-31305-0
定　　价：35.00元

前 言

随着我国经济的持续繁荣，社会财富不断累积，投资已成为广大民众关注的热点。投资不仅关乎个人财富的增值，更是国家经济发展的重要驱动力。投资活动作为社会经济活动的一个重要组成部分，其多样性使得它从一般社会经济活动中逐渐分离出来，成为一个独立的研究领域。投资活动呈现的多元化的特点，使得对投资的研究成为一个复杂且需要深入探索的课题，需要综合考虑各种因素和变量，同时也使得它成为一门综合性的部门经济学。投资学融合了多个学科的知识和理论，包括财务、金融、市场分析、风险管理等，是一个跨学科的研究领域。投资学的研究不仅有助于提高投资者的决策水平和盈利能力，也有助于推动整个社会经济的发展和繁荣。为了引导人们进行科学、合理的投资，投资学成为一门学科并逐渐受到社会的广泛认可，开设此专业的高校也愈来愈多，其核心目标就是帮助学生建立起对投资学的整体认识，培养学生的投资意识和投资思维，并学会利用投资工具，以便学生步入社会后，能够进行合理投资。为了满足应用型本科院校投资学专业教学需要，笔者编写了本书。

作为教材，本书具有多方面的特色。首先，本书全面覆盖了投资领域的各个方面，包括投资理论、资产定价、风险管理、投资组合构建等内容。其次，本书强调理论与实践相结合，通过案例分析和实际应用，辅以图表，帮助学生理解理论，并将其运用到实际投资决策中。再次，书中反映了投资学最新的发展动态和研究成果，使学生能够了解并适应不断变化的投资环境。最后，本书还注重培养学生的批判性思维和解决问题的能力，通过挑战性的问题和练习，激发学生的学习兴趣和动力。综上所述，本书以其全面性、理论与实践结合、更新及时、培养批判性思维等特色，为学生提供了丰富而实用的知识和技能。

在本书的编写过程中，编者得到了许多帮助与支持，在此致以最诚挚的感谢。首先，感谢陈坤同志对于本书的支持；特别感谢高子清同志对于本书的指导和建议，以及刘炳序、王启帆同志提供的技术支持和协助。感谢所有参与本书编写和校订的同事及同学，最后，感谢家人和朋友们的理解与支持，衷心感谢每一位对本书付出过努力和关心的人，谢谢你们。

由于编者水平有限，书中难免存在不足之处，恳请广大读者批评指正。

编　者

2024年3月

目　　录

第一章　导　引

第一节　投资的概念及分类

一、投资的概念

投资是一种经济活动，由于其通常与资本联系在一起，使得人们对投资的概念有不同的理解。

（一）投资的定义

在市场经济的大背景下，投资涉及每一个经济实体的日常运作，从个人到企业，再到国家层面，都离不开投资这一概念。投资指的是可以在未来产生报酬的支出行为。人们愿意牺牲当前的消费，将资金投入到某个项目或领域，是因为他们相信在未来，这些投资能带来更多的回报，也就是“报酬”。这些报酬可以是物质上的，如增加的收入、资产或利润；也可以是精神上的，如成就感、满足感等。“投资”并不仅仅指物质资本的积累，它还涉及无形资本的获得。在市场经济体系中，企业主要关注有形资本的投资，如建筑、设备和存货等，这些都是生产过程中不可或缺的资源。然而，投资并非仅限于企业层面。政府、非营利公共团体和居民家庭也是重要的投资主体。在探讨投资的定义时，不仅要关注物质资本的投入，还应考虑土地改良和自然资源的开发。萨缪尔森和诺德豪斯认为：实际资本形成在投资中的核心地位，投资不仅是存货的增加和新生产设施的建设，还是推动经济增长的关键因素。美国投资学家、诺贝尔经济学奖得主威廉·夏普认为，投资是为了获得可能的和不确定的未来价值而做出的确定的当前价值的牺牲。这个定义强调了投资的未来导向性，即投资者为了未来的收益而愿意承担当前的牺牲或风险。

在我国学界，对投资定义的研究经历了以下几个时期。

在20世纪80年代中期以前，投资的概念被严重局限和简化了。政府作为唯一的投资主体，直接决定了投资的方向和规模，企业只是被动地接受政府的决策，不具备独立的投资决策能力。

在20世纪80年代中期至1992年期间，随着中国改革开放的深入推进和市场经济体制的逐步确立，人们对“投资”的理解不再局限于基本建设，而是拓展到了整个固定资产投资领域。在这个阶段，人们也开始更加关注流动资产投资问题，意识到在技术进步的推动下，内涵式扩大再生产逐渐成为主流。企业开始更加重视设备更新和技术改造，因为它们对提高生产效率和产品质量至关重要。

从1992年开始，随着国家经济体制改革的不断深入，人们对投资概念和投资范围的认识也不断深化。投资概念不再局限于传统的直接投资方式，而是扩展到了更广泛的领域。在这个阶段，人们开始意识到间接投资的重要性。通过购买证券，如股票、债券等金融产品，人们也可以实现资产的增值和收益。这种间接投资方式与直接投资一起，共同构成了投资的两个主要方面。因此，在社会主义市场经济条件下，投资的定义应该涵盖更广泛的经济行为和主体。投资不仅是企业或个人的经济行为，而是涉及整个社会经济系统中的各种经济主体。这些主体包括个人、企业、机构和政府等，他们通过投资来实现将来的收益，可以是社会效益或经济效益。

（二）对投资定义的理解

投资，这一词汇在我们的生活中出现的频率越来越高，无论是在个人财务规划，还是在企业的经营策略中，都占据着重要的地位。然而，对于投资的含义，人们的理解却不尽相同，投资不仅仅是一种简单的财务行为，而是一种涉及风险、回报、策略和心理等多方面的复杂活动。从财务管理的角度来看，投资被视为一种增加财富的手段。通过将资金投入到有潜在收益的领域或项目，投资者期望在未来获得更多的回报。这种回报可能是金钱的收入、资产的增值，或者是其他形式的利益。正是由于对未来收益的预期，人们才愿意承担投资的风险。然而，投资不仅仅是关于金钱的游戏。它也是一种对未来的探索和预测。投资者在做出投资决策时，需要对市场趋势、行业动态、政策走向等多个因素进行深入地分析和研究。这种分析不仅需要理性地思考，还需要感性地判断。有时候，投资者还需要承担决策失误的风险，因为市场总是充满了不确定性。投资也是一种社会现象，它不仅仅是个人或企业的行为，也是与社会、文化、政治等多个领域相互交织的产物。投资者在进行决策时，不仅要考虑自身的利益，还要关注社会的需求和期望。例如，对于环境保护、社会责任等问题，投资者需要思考如何在追求经济利益的同时，履行社会责任，实现可持续发展。此外，投资也是一种学习的过程。每一次的投资决策都是一次经验的积累。投资者通过不断地学习新的知识、了解新的信息，提高自己的投资技能和判断力。这种学习不仅是对市场的适应，更是对自己的挑战和提升。

投资者在做出决策时需要充分运用自己的知识和经验进行理性地分析，同时也要保持对市场的敏感度和对机会的把握能力。感性和理性不是对立的，而是相辅相成的。只有将两者结合起来，才能做出明智的投资决策。而且，投资者应该根据自己的风险承受能力、收益目标和风险偏好制定多元化的投资策略和资产配置方案。通过分散投资降低单一资产的风险，提高整体收益的稳定性。此外，随着社会意识的提高，越来越多的投资者开始关注企业的社会责任和可持续发展能力，投资者应该将社会责任和可持续发展纳入投资决策的考量范围，实现经济、社会和环境的共赢发展。

二、投资的分类

投资行为可以根据投资主体、投资目的、投资形式以及投资管理过程进行分类，而明确各种投资行为的特征，是进行投资研究以及实施投资管理的重要基础。

（一）广义投资和狭义投资

广义投资指的是通过投入一定资金，从而期望在未来获取报酬和权利的经济行为，投资的对象可以是实物资产，也可以是证券之类的无形资产。狭义投资指的是进行金融资产的购买这一投资行为，如证券投资等。

（二）实业投资和金融投资

实业投资，主要是投资人购买有形资产或无形资产等的投资行为，也被称为生产经营性投资。金融投资则是将资金投资于各类金融资产的行为。金融投资的目的是获取收益，而非用于生产经营。因此，金融投资也被视为非生产性投资。

（三）直接投资和间接投资

直接投资是指投资人用于开办企业、购置设备、收购和兼并其他企业等的投资行为。间接投资赋予了投资者高度的灵活性，使他们可以根据市场动态和自身需求，随时调整投资组合。通过购买各类有价证券，间接投资者能够分散风险，降低单一资产对整体投资组合的影响。然而，与直接投资不同，间接投资者无法直接参与资金的运用和管理，他们只能依赖于所投资的金融机构或企业的运营状况。

（四）私人投资与公共投资

投资主体是投资活动的行为主体，即在投资活动过程中起决定作用的当事人。投资按投资主体可以分为私人投资和公共投资两类。

私人投资是指以私有财产进行的投资行为，包括企业投资和个人投资。在西方市场经济国家，私人投资是经济发展的重要推动力。这些国家实行经济私有化制度，政府一般不参与私人竞争，而是为私人经济的发展提供一定的外部条件。私人投资的目的是获取经济利益，通过投资实现资本的增值。而公共投资则是由政府部门进行的投资。政府公共投资的资金主要来源于财政，用于公共事业的发展。

在我国，投资主体的分类经历了一个变化的过程。在计划经济时期，投资主要划分为国家投资和集体投资。这种划分方式体现了当时的公有制经济体制，国家是主要的投资主体，而集体则扮演着辅助的角色。随着经济体制的改革，投资主体的分类也逐渐发生了变化。在社会主义市场经济体制下，投资主体一般被划分为政府投资、企业投资和个人投资。这种划分方式更符合社会主义市场经济的特性，强调了不同主体的经济责任和自主决策权。此外，我国还采用了另一种划分方式，即将投资划分为政府投资与社会民间投资。这种划分方式突出了政府和民间在投资中的不同角色和作用。虽然与西方国家的划分方法在内容上并无显著区别，但我国的划分方法能够更恰当地反映我国现阶段投融资主体性质的差别。这有助于更好地理解我国投资领域的现状和发展趋势。随着计划经济向社会主义市场经济的转变，投资主体呈现多元化趋势。从以国家投资为主的格局转变为中央政府、地方政府、国有企业、集体企业、乡镇企业、民营企业、股份制企业、“三资”企业、国内个人和外商投资者等多主体参与的投资新格局。在这个新格局中，企业投资的地位逐渐上升，成为投资的主力军。与此同时，政府投资仍然在公共事业发展中发挥着重要作用，地方政府的投资功能则得到了扩展。在财政体制方面，我国正在逐步向公共财政过渡。公共财政的核心是满足社会公共需求，注重公平和效率。因此，政府投资开始逐步退出竞争性领域，更多地侧重向公共事业的发展转移。

（五）长期投资和短期投资

长期投资和短期投资是投资策略中的两种主要类型，它们在目标、风险、收益和管理方式等方面存在显著差异。对投资者而言，明确自己的投资期限和目标，选择合适的投资策略至关重要。长期投资通常关注长期价值创造和持续增长。这种策略通常以实现资本增值为主要目标，通过投资于具有长期增长潜力的资产，如股票、房地产或新兴行业，以获得长期的资本回报，长期投资者通常具备长期的投资视野，能够承受市场波动和短期回调，关注企业的基本面和未来的发展前景。在选择长期投资策略时，投资者需要具备充分的风险意识，对市场波动保持冷静，并制订稳健的投资计划。相比之下，短期投资则更关注市场短期内可能出现的机会和波动，这种策略通常以快速获取资本增值为目标，通过短期的市场趋势和波动进行快速的买卖操作，短期投资者通常关注市场动态、宏观经济因素和政策变化等，以寻找短期内可能出现的套利机会。然而，短期投资面临的风险也相对较高，因为市场波动和不确定性可能导致投资者无法准确预测市场的走势。

除了投资期限的差异外，长期投资和短期投资在风险和收益方面也存在显著差异。长期投资通常面临较高的风险，因为投资者需要等待较长时间才能实现回报。然而，长期投资的潜在收益也相对较高，因为投资者能够分享到企业或行业的长期增长红利。而短期投资的风险相对较低，因为投资者可以快速地买卖资产以规避风险。然而，短期投资的潜在收益也相对较低，因为投资者通常只能获得短期的资本利得。管理方式上，长期投资更加注重深入分析和价值评估，而短期投资则更注重市场情绪和热点捕捉。对于长期投资者而言，了解企业的基本面、财务状况、行业前景等因素至关重要，他们需要具备足够的时间和耐心来等待价值的实现。而短期投资者则需要密切关注市场动态和政策变化，以快速捕捉短期的机会。然而，无论是长期投资还是短期投资，都应保持谨慎和理性的态度。投资者应充分了解市场的风险和不确定性，制订合理的投资计划和风险控制策略。同时，投资者还应不断学习和更新自己的知识和技能，提高自己的投资素养和能力。此外，投资者还应注意到长期投资和短期投资并非孤立存在，而是相互关联的。在某些情况下，长期投资的资产可能因为市场波动而出现短期的下跌或上涨，为短期投资者提供了机会或风险。同样地，短期投资的收益积累也可能转化为长期资本增值的基础。因此，投资者在制定策略时应综合考虑长期和短期的因素，根据实际情况进行调整和优化。

（六）对内投资和对外投资

对内投资是指企业将资金投向国内的各个领域或项目，主要用于扩大生产规模、提高技术水平和改善经营效率等。这种投资方式通常受到国内政策和市场环境的直接影响。对内投资有助于企业提高自身的核心竞争力，降低生产成本，增强市场地位，从而在国际竞争中占据更有利的位置。对外投资是指企业将资金投向国外的各个领域或项目，以获取资源、开拓市场、提高品牌影响力等为主要目的。对外投资使得企业能够充分利用全球资源，拓展国际市场，提高自身的盈利能力和国际竞争力。对外投资的风险相对较大，但同时也可能带来更高的收益和更广阔的发展空间。在选择对内投资或对外投资时，需要综合考虑多方面的因素，应根据实际情况来决定是否进行对外投资，如果已经具备了较强的竞争优势，可以选择将资金投向更有发展潜力的国际市场；反之，如果在国内市场尚需进一步巩固和拓展，则应优先考虑对内投资，以提升自身的核心竞争力。还应考虑国内外市场的供需状况、政策环境、竞争态势等因素。对于国内市场供大于求的行业或领域，对外投资可能成为拓展发展空间的一种选择。同时，还应关注相关税收政策、贸易壁垒等因素，以确保投资的安全和有效性。

第二节　投资主体与投资客体

一、投资主体及其投资特点

投资主体是投资活动中的重要组成部分，是实现投资行为的关键因素，具备独立经济行为能力、有完整的投资决策权和自负投资盈亏的各类经济主体，才能成为合格的投资主体。首先，投资主体必须具备相对独立的投资决策权。这意味着投资主体可以根据自己的投资意愿和需求，自主决策投资方向、规模和方式等。不受其他机构的控制和干涉，自主决定投资项目的可行性分析和评估，是合格投资主体的首要条件。只有具备了独立决策权，才能保证投资主体的投资行为符合自身利益和目标，实现有效的资源配置。其次，投资主体应对投资盈亏负全部责任，这意味着投资主体必须承担投资风险和后果，无论盈亏都必须自己负责。这是投资主体区别于其他经济主体的一个重要特征。在市场经济条件下，投资主体必须具备一定的风险意识和风险承受能力，理性对待投资风险，做到不盲目跟风、不冒险投资。同时，投资主体应建立完善的风险管理体系，有效控制和降低投资风险。此外，投资主体必须具有足够的资金来源，这是实现投资行为的基础条件之一。投资者可以通过各种形式筹集资金，如自有资金、银行贷款、发行股票或债券等。同时，投资者应具备相应的财务实力和资金管理能力，以保证投资的可持续性和稳定性。在筹集资金的过程中，投资者还应注重合理配置资金结构，降低财务成本和风险。

除了以上基本条件外，一个合格的投资主体还应具备其他一些特征。首先，应具有明确的投资目标和计划。投资者应根据自身的实际情况和市场环境，制订合理的投资目标和计划，包括投资领域、规模、方式、时间等方面的规划。这有助于投资者更好地把握市场机会，实现预期的投资收益。其次，应具有良好的投资理念和价值观念。投资者应具备正确的价值观念和市场判断能力，注重长期价值投资而非短期投机。通过深入分析行业趋势和企业基本面等因素，挖掘具有长期增长潜力的投资机会，实现长期稳定的投资回报。同时，投资者还应保持冷静客观的态度，不被市场情绪左右，理性对待投资风险和收益。此外，应具有较高的专业素质和管理能力。投资者应具备相应的专业知识和技能，了解投资领域的相关政策和法规，掌握市场动态和行业趋势。同时，投资者还应建立完善的管理体系和机制，制定科学的投资决策流程和管理规范，保证投资活动的科学性和有效性。通过专业的团队和科学地管理，提高自身的核心竞争力，实现更好的投资回报。投资主体有许多种分类方法，最常用的是按投资者的本身特性来分类。它包括以下四类：

（一）社会公众投资者

社会公众投资者是以个人或家庭的名义，将自身的合法财产用于各种投资行为。他们的投资行为更加灵活，能够根据自身的风险承受能力和投资目标进行选择。

1. 社会公众投资的特点

社会公众投资数额相对较小，但投资范围广泛、灵活性强。与大规模的企业投资不同，个人投资者通常以自己的小额资金进行投资。这种投资方式灵活，可以根据个人的风险承受能力和投资目标进行选择。个人投资者可以投资开办实业，也可以选择投资于各类金融资产。对于个人投资者来说，证券投资是一种较为理想和便捷的投资方式。

因此可以总结出个人投资具体特点：

（1）目标简单明了，就是追求盈利最大化。不同于政府、企业和机构投资，他们不需要承担稳定市场、调整投资结构等多重目标和社会责任。这种单一的投资目标使得他们在投资决策时更加专注于盈利潜力。

（2）投资规模相对较小，投资方向分散，投资形式也灵活多样。他们可以根据自己的风险承受能力和投资偏好进行选择，这使得他们在资本市场中具有较高的灵活性。然而，由于投资规模有限，他们的投资行为通常不会对整个资本市场造成重大影响。

（3）投资活动存在一定的盲目性。由于资金数额有限以及投资信息获取上的能力欠缺，这使得他们在做出投资决策时可能存在一定的盲目性和不确定性。

2. 社会公众投资的领域

社会公众投资作为社会经济活动的重要组成部分，其规模和领域随着社会经济的发展而不断变化。从现阶段来看，社会公众投资的规模相对较小，通常都是利用消费后的余钱进行投资。首先，金融市场是社会公众投资的主要渠道之一，不仅包括股票、债券等金融产品，而且还包含基金等金融产品，这些金融资产具有流动性强、交易便利的特点，为社会公众提供了丰富的投资选择。投资者可以根据自身的风险偏好和收益预期，选择适合自己的金融产品进行投资，通过资本市场进行金融投资，不仅可以获取相应的收益，还可以优化自身的资产配置，降低投资风险。其次，银行储蓄是一种相对稳健的投资方式，具有较低的风险和相对稳定的收益，虽然储蓄的利率相对较低，但是其安全性得到了广泛的认可。对于风险承受能力较低的投资者来说，银行储蓄是一种较为合适的选择，而且通过银行进行储蓄还可以享受到一些附加服务，例如存款保险等，增强了资金的安全性。此外，实业投资和生产经营活动是社会公众投资的重要领域之一，包括生产性经营和服务性经营等，这些小规模的实业投资通常具有较低的门槛和较小的投资规模，适合一些小型企业和个体经营者参与，通过实业投资和生产经营活动，投资者可以获得较为稳定的收益，同时也可以实现自身的创业梦想和发展目标。并且，不动产和住宅投资是社会公众投资的重要领域之一，具有较高的保值和增值潜力，不动产和住宅作为实物资产，其价值通常会随着经济的发展和城市化进程的推进而不断增长，此外，不动产和住宅还可以为投资者提供稳定的租金收入和资本增值收益。但是，不动产和住宅投资需要注意市场风险和政策风险，投资者需要具备一定的市场分析和风险控制能力。另外，黄金、外汇、艺术品等稀有资产具有较高的投资价值和增值潜力，但是其市场波动较大，风险也相对较高，投资者需要时刻关注市场动态和政策变化，以降低投资风险和提高投资收益。

除了以上几个主要领域外，社会公众投资还包括其他具有保值、增值能力的资产，例如珠宝、古董等。这些资产同样具有较高的投资价值和增值潜力，但是其市场相对较小，风险也较高，投资者需要充分了解市场的特点和风险控制策略，以提高投资收益和降低投资风险。社会公众投资的规模和领域受到多种因素的影响，包括经济发展水平、政策环境、市场环境等。随着社会经济的不断发展和市场的不断扩大，社会公众投资的规模和领域也将不断扩大。同时，投资者也需要不断提高自身的专业素质和市场分析能力，以适应不断变化的市场环境和发展需求。

（二）企业投资者

企业投资者通常具备较为雄厚的资金实力和丰富的投资经验，他们能够根据市场变化和自身发展需求，灵活调整投资组合和配置资产，而且企业投资者通常拥有专业的管理团队和投资人才，能够进行深入的市场调研和项目评估，制定出符合企业战略发展目标的投资计划和方案。在投资过程中，企业投资者需要遵循一定的原则和规范，确保投资行为符合企业内部相关规章制度要求。首先，企业投资者需要制定投资领域、规模、方式、时间等方面的规划，以确保投资活动的科学性和有效性，还要对投资项目进行全面的风险评估和可行性分析，充分了解项目的风险和收益情况，制定出相应的风险控制和收益保障措施，而且企业投资者还需要建立完善的管理体系和机制，确保投资活动的规范性和持续性。

在投资过程中，企业投资者需要关注政策环境、行业趋势、市场需求等方面的变化，了解市场动态和竞争格局，以便及时把握市场机遇和规避风险，还需要关注国际经济形势和汇率变化等外部因素，以应对国际市场的挑战和机遇。为了提高投资效益和降低风险，企业投资者需要采取多种策略和方法，需要通过分散投资和多元化配置资产等方式降低风险，还需要注重长期价值投资而非短期投机，以实现长期稳定的收益目标，并要注重风险管理，建立完善的风险管理体系和控制机制。制定科学的风险评估和监控方法，以及采取相应的风险应对措施，降低投资风险，这有助于提高风险调整后的收益水平。此外，企业投资者还需要注重人才培养和提高团队素质。通过引进高素质的投资人才和加强内部培训等方式，提高团队的专业素质和市场分析能力，还需要建立良好的企业文化和管理制度，提高团队的凝聚力和执行力。另外，随着数字化技术的快速发展和应用，企业投资者也需要不断适应数字化时代的变革和挑战。数字化技术为企业投资者提供了更加便捷、高效的投资工具和信息获取渠道。通过利用大数据、人工智能等技术手段，企业投资者可以更加精准地分析市场趋势、预测风险和把握机遇。同时，数字化技术也为企业投资者提供了更加灵活、多样化的投资策略和交易方式。通过利用算法交易、量化分析等技术手段，企业投资者可以提高交易效率和降低成本。然而，数字化技术也带来了一定的风险和挑战。企业投资者需要加强技术安全和数据保护措施，防范网络安全和信息泄露等风险。同时，企业投资者还需要加强对数字化技术的掌握和应用能力，以适应市场的变化和发展需求。

1. 企业投资的特点

企业投资作为企业发展的重要组成部分，具有非常明显的特点：

（1）企业的投资决策往往与自身的发展状况和成长周期密切相关。企业投资对象的选择，通常会以实业投资为主，而且金融投资并不是所有企业都会选择的方向。由于金融投资需要大量的资金投入，且风险较高，因此只有规模较大和发展成熟的企业才有能力进行。

（2）企业的投资目的不仅仅是为了追求盈利，而是更加多元化和复杂化。除了盈利之外，企业还希望通过投资实现有效的资产组合，以分散风险并提高资产的整体效益。

（3）企业的投资行为相对较为稳定，较少出现短期的投机行为。企业更注重长期投资效益，并愿意与被投资企业建立长期合作关系。即使在投资各类债券时，企业也通常不会频繁转手，而是长期持有并享受稳定的收益。

（4）相对于个人投资，企业投资通常具有更大的资金规模。当经济前景不乐观或市场不稳定时，企业可能会采取更加保守的投资策略，减少长期投资，增加短期投资行为。这种短期投资行为的增加可能会导致交易资金量的增大，从而对投资市场造成较大的影响。

2. 企业投资的领域

企业投资几乎涵盖了所有营利性的行业和部门。从一般性的生产经营项目到服务性的经营项目，以及实业领域、金融市场和风险投资，都是企业投资的热门领域。企业可以根据自身的资源和优势进行选择。

（三）金融机构投资者

1. 金融机构投资者的类型及投资方式

金融机构投资的主要领域是各类金融资产，以及少量的实业投资。金融机构主要包括各类银行、保险公司、投资中介机构和各种基金组织等。金融机构在投资市场上为企业和个人提供金融服务，参与金融市场的交易和投资运作，助力实现经济的繁荣和发展。

（1）商业银行的首要职责是保护储户资产安全。金融投资凭借高收益，成为商业银行资金运作的重要手段，但其投资风险也相对较大。此外，商业银行等金融机构在投资决策时需要严格遵守相关法律法规，确保投资行为的合规性和合法性。为了降低投资风险并确保资产的安全性，需要重视投资组合的管理，提高整体投资组合的稳健性。

（2）与商业银行等金融机构相比，中介机构更专注于证券投资，较少涉及实业投资。这些投资中介机构既可以长期持有证券，以获取稳定的收益，又可以根据市场变化和需要进行短期操作，以实现更高的投资回报或规避风险。除了自营投资外，证券公司、投资公司和经纪人公司还为其他投资者提供中介服务。它们通过专业的知识和经验，帮助投资者了解市场动态、选择合适的投资品种和交易策略，并提供交易执行和资产托管等服务。这些中介服务提高了市场的透明度和效率，促进了资本的有效配置。

（3）各类基金作为一种投资工具，能够有效地集中个人和社会闲散资金，为投资者提供进入投资市场的渠道。基金的特点在于能够将小额资金汇聚成大额的稳定资金来源，使得更多的人能够参与到投资市场中。随着基金行业的发展，其投资范围和策略也日益多样化，为投资者提供了更多的选择。基金投资的另一特点是注重投资的安全性。由于基金的投资者多为个人或小型机构，他们对投资的安全性要求较高。因此，基金在选择投资项目时，更倾向于风险较小、收益稳定的项目。

2. 金融机构投资的特点

金融机构通常拥有专业的投资团队和丰富的投资经验，对市场趋势、行业动态和政策环境等有深入的了解和把握。他们能够根据市场变化和客户需求，制定出科学合理的投资策略和方案，并运用专业的投资工具和手段进行操作和管理，而且金融机构投资涉及的领域广泛，包括股票、债券、基金、衍生品等各类金融产品，每种产品都有其自身的特点和风险，需要投资者具备专业的知识和技能。同时，由于金融市场的波动性和不确定性，金融机构投资面临着多种风险，如市场风险、信用风险、流动性风险等。因此，金融机构需要建立完善的风险管理体系和控制机制，对各类风险进行全面、准确、及时地评估和监控，并采取有效的应对措施来降低风险。其次，由于金融机构的特殊性质和业务范围，其资金规模通常较大，涉及的投资金额也较为庞大，这使得金融机构在投资过程中具有较大的影响力和话语权，能够进行大额交易和参与大规模项目。同时，金融机构还需要根据自身的资金实力和流动性需求，合理配置资产和安排投资计划，以确保资金的安全性和流动性。此外，由于金融市场的特殊性和重要性，各国政府和监管机构对金融机构的投资活动进行严格的监管和规范。这包括投资范围、投资额度、风险管理、信息披露等方面的要求和标准。金融机构需要遵守相关法律法规和监管要求，确保投资活动的合法性和合规性，并且，金融机构还需要与监管机构保持密切联系和沟通，及时了解政策变化和市场动态，以便更好地应对监管风险和把握市场机遇。另外，金融机构通常拥有较为灵活的投资机制和决策流程，能够根据市场变化和客户需求及时调整投资策略和方案。同时，金融机构也是创新的重要力量，不断推出新的金融产品和服务，以满足市场的多样化需求。然而，这也带来了相应的风险和挑战。金融机构需要注重创新与风险的平衡，避免过度追求利益而忽视风险。

（四）政府投资者

政府投资者作为国家经济发展的重要力量，其投资行为和策略对于国家经济和社会发展具有深远的影响，政府投资者的身份和地位使其在投资过程中具有一些独特的特点和原则。

首先，政府投资者的首要目标是实现经济的发展，与私营部门投资者不同，政府投资者不是单纯追求经济利益的最大化，而是更多地关注国家战略发展目标，这意味着政府投资者的决策不仅仅基于经济效益，还会更重视社会效益、环境效益等因素。其次，政府投资者通常拥有雄厚的资金实力和资源优势，具有强大的财力和信用等级，可以动用大量的财政资金进行投资。此外，政府投资者还拥有丰富的土地、矿产等资源，可以通过资产运作等方式获取更多的资金和资源支持，这些优势使得政府投资者在投资过程中具有更大的话语权和影响力。而且，由于政府投资者的特殊性质和目标，其投资行为往往涉及较大的风险和责任。并且，政府作为公共利益的代表，政府投资者需要确保投资行为和决策的公平、公正和透明度，避免利益冲突和权力滥用等问题，还需要接受社会各界的监督和评价，以确保其投资行为符合公共利益和社会责任。另外，随着科技的不断进步和创新，政府投资者需要加强对科技创新的投资和支持，推动国家创新能力和竞争力的提升，通过加大对科技创新项目的投资力度、制定科技创新政策等措施，政府投资者可以推动科技创新成果的转化和应用，促进国家经济的转型升级和发展。不仅如此，随着全球经济一体化的深入发展，各国政府之间的合作和交流越来越频繁，政府投资者需要积极参与国际合作和交流，共同应对全球性金融问题，通过参与国际投资、合作项目等方式，政府投资者可以引进国际先进技术和管理经验，提高自身的竞争力和影响力。

二、投资客体及其特性

（一）投资客体的概念及分类

投资客体，简单来说，就是资金投向的目标。它是被投资主体所接纳，并有望在未来为投资者带来经济回报的各种资产或项目。投资客体种类繁多，通常可分为实业投资项目和金融工具两大类。实业投资项目是投资主体通过直接投资于实体产业，以获取经营收益或实现资产增值的投资活动。实业投资项目涵盖了多个领域，包括但不限于工业、建筑业、地质资源勘探、农林水产业等生产性项目。这些项目旨在创造物质财富，提供生产服务，满足社会需求。此外，实业投资项目还包括与人民生活密切相关的非生产性项目，如商业和物资供应、文教卫生、科学研究、社会福利等。这些项目旨在提高人民的生活质量，满足其物质和文化需求。金融投资是投资主体在金融市场上通过买卖各种金融商品来实现其投资目标的过程。这些金融商品，也称为金融工具，包括但不限于国库券、商业票据、大额存单、债券、股票、基金等。这些工具各具特点，适合不同的投资需求和风险偏好。此外，随着金融市场的不断发展和创新，还涌现出了许多新型的金融工具，如期权、期货、货币互换、利率互换等。偿还期、流动性、安全性以及收益率方面，各类金融工具各有不同。投资者可以根据自己的收益目标和风险承受能力，选择具有较高收益率但风险也较大的金融工具，或者选择较为稳定但收益率较低的金融工具。金融工具的不断创新为投资者提供了更多的选择和机会。新型的金融衍生工具如期权、期货等，能够帮助投资者实现更为复杂的投资策略和风险管理。这些创新工具的出现，使得投资者能够更好地构建自己的资产组合，以实现风险分散和资产增值。

（二）投资客体的特性及对投资客体的选择

1. 预期收益性

预期收益代表了投资主体在未来某个时间点预期能够获得的回报。当预期收益较大时，意味着投资者对未来收益的看好程度较高。这时，投资者往往愿意放弃当前的部分消费，将资金投入到预期能够带来更大回报的项目中。也就是说，投资者愿意为了未来的更大收益而进行更多的投资。这种投资决策的背后，是对投资价值的认同和追求。从经济学角度来看，预期收益和投资价值之间存在着密切的正相关关系。当其他条件保持不变时，如果预期收益增加，那么投资的价值也会相应提升；反之，如果预期收益减少，投资价值也会随之下降。

2. 收益时点性

收益时点是投资者在投资过程中关注的另一个关键因素。它指的是投资者实际获得收益的时间点。然而，如果预期收益用于未来消费的时点离现在较远，投资者延迟消费的动力可能会减少。因为在这段时间内，投资者不仅要放弃当前的消费机会，还可能错过其他潜在的投资机会。每多等待一刻，不仅当前的利益受到损失，还可能丧失在等待期间获取额外收益的机会。在经济学中，时间价值被视为投资决策中的重要考虑因素。在其他条件相同的情况下，等待预期收益的时间越长，投资的价值可能会越小。

3. 收益风险性

当讨论投资的预期收益时，投资的不确定性就显得尤为突出。这种预期收益的不确定性称为投资风险。投资风险是投资者在追求收益的过程中必须面对的挑战。不确定性越大，意味着投资者在决策时所面临的风险也就越大。对于大多数投资者而言，他们更倾向于收益稳定、可预测的投资项目，而不是那些收益波动大、不确定性高的项目。这种对确定性的偏好在投资决策中起到了重要的作用。它影响着投资者对于投资项目的选择以及对于投资收益的期望。如果投资者认为因承担风险而获得的补偿不足以弥补其可能面临的损失，他们可能会选择更为保守的投资策略。

投资者在选择投资客体时，不仅要考虑自身的资金规模和投资目的，还要全面评估投资客体的多个方面。只有综合考虑这些因素，投资者才能做出明智的选择，确保投资的成功和长期的财富增长。

第三节 投资的作用

一、投资与经济增长密切相关

投资与经济增长这两者相互影响、相互促进，投资是经济增长的重要驱动力，通过投资可以促进资本形成、技术进步和产业结构升级，进而推动经济的持续增长和发展，而经济增长也是投资的重要前提和基础，经济的稳定增长可以为投资创造良好的环境和机会。首先，在现代经济中，投资在经济增长中的贡献率非常高，通过投资，企业可以扩大生产规模、提高生产效率、推动技术进步和产业升级，而且投资还可以创造更多的就业机会和增加居民收入，进一步刺激消费需求和投资需求，形成良性循环。其次，政府也可以通过宏观干预和政策引导来促进投资和经济增长。例如，政府可以提供税收优惠、财政补贴等政策来鼓励企业增加投资，还可以通过基础设施建设等公共投资来拉动经济增长。

然而，投资与经济增长之间并非简单的线性关系。在不同的经济条件下，投资对经济增长的贡献率可能会有所不同。在经济过热时期，过度的投资可能会导致产能过剩、资源浪费和环境污染等问题；而在经济衰退时期，投资可能会受到需求不足、信贷紧缩等因素的制约，难以发挥其应有的作用。并且不同类型和质量的投资对经济增长的影响也不尽相同。例如，低水平的重复建设投资可能无法带来长期的经济效益，而高质量的创新驱动型投资则可能引领产业变革和推动经济高质量发展。

为了实现经济增长与投资的良性互动，需要采取一系列的措施和策略。首先，政府应该加强宏观调控和政策引导，优化投资环境，鼓励企业增加有效投资。同时，政府还应该加强监管和评估，避免低水平、重复建设的投资项目出现。其次，企业应该加强技术创新和管理创新，提高投资的质量和效益。此外，金融机构也应该加强对企业的融资支持和服务，降低融资成本，为企业提供更加便捷、高效的金融服务。除了政府、企业和金融机构的努力外，还需要加强国际合作和交流。在全球化的背景下，各国之间的经济联系和相互依存度不断提高。通过加强国际合作和交流，可以引进国际先进的技术和管理经验，分享全球经济发展的红利，推动本国企业走出国门，拓展国际市场，提高国际竞争力。此外，还需要重视投资的可持续性和社会效益。在追求经济增长的过程中，不能忽视对环境、社会和治理因素的考虑，通过将上述因素纳入投资决策中，可以推动企业的可持续发展和社会责任履行，实现经济、社会和环境的协调发展。

二、投资需求对经济增长的拉动作用——投资乘数理论

投资不仅是经济增长的引擎，而且是创造就业、提高生产力和促进技术进步的主要驱动力，而投资乘数理论是解释投资需求对经济增长拉动作用的重要经济学理论。该理论阐述了初始投资变动对经济产生的连锁反应，以及如何通过乘数效应推动国民收入倍增。投资乘数理论基于一个简单的观念：投资不仅仅是增加资本设备的过程，它还通过一系列的连锁反应刺激总需求，进而影响经济增长。当企业决定增加投资时，它首先会用部分资金购买新的机器设备和原材料，这些初始的支出会转化为生产者的收入，而生产者会将部分收入用于消费或储蓄，消费的增加会进一步刺激生产和服务的需求，从而创造更多的收入，这个过程会持续下去，形成连锁反应，最终导致国民收入的倍增。投资乘数的大小取决于边际消费倾向，即人们将收入中的多大比例用于消费，边际消费倾向越高，投资的乘数效应越大，因为更多的新增收入会被消费掉，进一步刺激总需求。然而，投资乘数效应并非没有限制。随着投资的增加，市场会逐渐接近饱和，导致新增投资的收益递减。此外，投资的增加可能会导致货币供应增加，引发通货膨胀，从而降低货币的实际购买力。在这种情况下，需要政府的干预，以保持经济的稳定增长。

在实践中，各国政府经常利用投资乘数理论来制定促进经济增长的宏观经济政策。通过鼓励企业增加投资、提供财政刺激措施、加强基础设施建设等手段，政府可以刺激总需求、创造就业机会、提高生产力和促进技术进步。例如，我国在过去几十年中实施了大规模的基础设施建设计划，如高速公路、高铁、电网等，这些投资不仅直接拉动了经济增长，还通过提高物流效率、降低生产成本、促进技术创新等方式进一步增强了经济活力。

投资增加额所带来的国民收入增加额的倍数就是投资乘数，其计算公式为：

$$\text{投资乘数}=\frac{1}{\text{边际储蓄倾向}}=\frac{1}{1-\text{边际消费倾向}}=\frac{\text{收入的变动}}{\text{投资的变动}}$$

对于投资的变动如何带来收入的变动，而且投资乘数等于边际储蓄倾向（1-边际消费倾向）的倒数，萨缪尔森在《经济学》一书中举例解释如下：当我雇佣失业的人员来建造价值1 000美元的汽车车间时，除了我投入的最初资金以外，国民收入和产值还会有次级的扩大。其原因是：建筑汽车车间的木匠和木材生产者会得到1 000美元的增加收入。但是，事情并

（三）多因素评估法和关键因素评估法

多因素评估法和关键因素评估法是两个前后关联的评估方法。

1. 多因素评估法

多因素评估法把投资环境因素分为11类，即政治环境、经济环境、财务环境、市场环境、基础设施、技术条件、辅助工业、法律制度、行政机构效率、文化环境、竞争环境。每一类因素又由一系列子因素构成，如政治环境包括的子因素有政治稳定性、国有化的可能性、当地政府的外资政策等，详见表3-2。

表3-2　投资环境的影响因素及其子因素

影响因素	子因素
政治环境	政治稳定性；国有化可能性；当地政府的外资政策
经济环境	经济增长；物价水平
财务环境	资本与利润外调；对外汇价；集资与借款的可能性
市场环境	市场规模；分销网点；营销的辅助机构；地理位置
基础设施	国际通信设备；交通与运输；外部经济条件
技术条件	科技水平；适宜工资的劳动生产力；专业人才的供应
辅助工业	辅助工业的发展水平；辅助工业的配套情况
法律制度与法制	法律是否健全；法律是否得到很好执行
行政机构效率	机构的设置；办事效率；工作人员素质
文化环境	当地社会对外资公司的信任及合作态度；外资公司是否适应当地社会风俗
竞争环境	当地竞争对手情况；同类产品进口额在当地市场所占的比重

在评价投资环境时，先对各类因素的子因素做出综合评价，然后据此对该类因素做出优、良、中、可、差的判断，最后按下列公式计算投资环境总分：

$$\text{投资环境总分} = \sum_{i=1}^{11} w_i(5a_i + 4b_i + 3c_i + 2d_i + e_i)$$

式中，w_i是第 i 类因素的权重；a_i、b_i、c_i、d_i、e_i分别是第 i 类因素被评为优、良、中、可、差的百分比，且$a_i+b_i+c_i+d_i+e_i=1$（i=1，2，3，…，11）。

投资环境总分的取值范围在1~5之间。愈接近5，说明投资环境愈佳；反之，愈接近1，说明投资环境愈劣。

2. 关键因素评估法

关键因素评估法是从具体投资项目的动机出发，从影响投资环境的一般因素中找出影响投资动机实现的关键因素，然后依据这些因素对投资环境做出评价。此方法把投资动机划分为六类：

（1）降低成本。

（2）发展当地市场。

（3）获得原料的供应。

（4）分散风险。

（5）追逐竞争者。

（6）获得当地的生产技术和管理技术。

每种投资动机又包含若干影响投资环境的关键因素，详见表3-3。根据挑选出的关键素，仍采用多因素评估法计算总分的方式来评价投资环境。

表3-3　影响投资环境的关键因素

投资动机	影响投资环境的关键因素
降低成本	适合当地工资水平的劳动生产力；土地费用；原料价格运输成本
发展当地市场	市场规模；营销辅助机构；文化环境；地理位置；运输条件；通信条件
获得原料的供应	资源；当地货币汇率的变化；当地通货膨胀率；运输条件
分散风险	政治稳定性；国有化可能性；货币汇率；通货膨胀率
追逐竞争者	市场规模；地理位置；影响的辅助机构；法律制度等
获得当地的生产技术和管理技术	科技发展水平；劳动生产率

（四）综合评价法

综合评价法是运用现代决策分析中的定量方法，模拟各因素变化对投资环境的确切影响，从中找出影响外商投资的各个关键因素；同其他地区的投资环境进行对比分析，找出各自的优势和不足；预测投资环境的发展变化趋势，对投资环境进行监测。

投资环境综合评价值按下式计算，其数值越大，表明投资环境越好。

$$G = \sum_{i=1}^{m} w_i U_i$$

式中，G为投资环境的综合评分值；w_i为第i个指标的权重；U_i为第i个指标的评分值；m为指标个数。

（五）国家风险评级法

为了给各国的投资者和工商界人士提供必要的决策依据，一些世界著名的研究咨询机构和杂志社都定期公布其组织进行的国家风险评级（信用评级）结果。以下是日本公债研究所的国家风险评级法。

1. 评级程序和标准

日本公债研究所国家风险评级法是一种由专家评判、打分的评估方法，采用的是10分5级制。根据其经验，该所认为，与复杂的数学模型和记分体系相比，专家打分法是评定国家风险的最佳方法。

具体程序如下：日本公债研究所牵头，由银行、商社、工业公司等组成14个专家集团。每个专家集团分别以打分方式对各个单项风险和综合风险做出评价。

单项风险和综合风险都分为A至E级。单项风险的各级分数分别为：A级10分、B级8分、C级6分、D级4分、E级2分。综合风险五个级别的标准为：9分以上为A级，8.9~7.0分为B级，6.9~5.0分为C级，4.9~3分为D级，2.9分以下为E级。不论单项风险还是综合风险，都以分数的高低排列名次。分数越高，风险越小；分数越低，风险越大。

国家风险评级法的优点是：

（1）各专家是在分析了大量资料之后做出单项风险评价的。在这个基础上评价综合风险，可避免主观随意性，能比较真实地反映被评估的情况。

（2）使用国家风险评级资料的行业不同、目的不同、侧重点不同，同步打分、同时公布，既能让使用者对一个国家的整体风险程度有所了解，又能了解主要风险之所在，能满足一些投资者、融资者或贸易商的重点需要。

2. 评级内容和尺度

日本公债研究所每年对100个国家和地区进行两次国家风险评级，评级的依据和内容可以概括为政治和社会的稳定性及对外支付能力三个方面，具体又可分解为14个单项风险，归纳为一个综合风险。

（1）发生内乱和革命的可能性：A.完全没有；B.估计没有；C.有隐约的兆头；D.发生的可能性很大（含已经发生）。

（2）现政权（体制）的稳定性：A.极其稳定；B.稳定；C.差不多；D.存在不稳定的方面（因素）；E.极其不稳定。

（3）因政权更迭而影响政策的连续性：A.根本不会影响；B.大体上能保持连续性；C.曾有摩擦，但变动不大；D.可能改变某些政策；E.会发生剧烈的政策变动。

（4）工（产）业的成熟程度：A.高度成熟；B.比较成熟；C.差不多；D.有些不成熟；E.不成熟。

（5）经济活动的扭曲性（通货膨胀、失业等）：A.扭曲现象少；B.扭曲比较少；C.一般；D.扭曲性大；E.扭曲性极大。

（6）财政政策的有效性：A.可以高度评价；B.可给予一定评价；C.差不多；D.不充分；E.极不充分。

（7）金融政策的有效性：A.可以高度评价；B.可给予一定评价；C.差不多；D.不充分；E.极不充分。

（8）经济增长的潜力：A.有极其优越的条件；B.有优越条件；C.差不多；D.略显不足；E.明显缺乏潜力。

（9）战争的危险：A.根本不存在；B.估计没有；C.有发生的兆头，但估计不会发生；D.存在危险的兆头；E.处于一触即发状态。

（10）国际交流中的可信赖程度（遵守国际协调、国际合作的态度）：A.姿态极高；B.姿态高；C.过得去；D.缺乏可信赖的因素（方面）；E.完全不可信赖。

（11）国际收支结构：A.极好，可以放心；B.良好，大体上可放心；C.尚可；D.有些担心；E.极其不好，很不放心。

（12）对外支付能力：A.极好，可以放心；B.良好，大体上可放心；C.尚可；D.有些担心；E.极其不好，很不放心。

（13）外资政策：A.极为妥善，可以放心；B.妥善，大体上可放心；C.有些问题，但还可以；D.存在一些问题，不放心；E.排外政策随时、随地可见，很不放心。

（14）汇价政策：A.一贯是升势；B.暂时疲软，趋向升势；C.币值能保持稳定；D.存在小幅度下跌的可能性；E.存在大幅度下跌的可能性。

综合风险的尺度为：A.完全可以放心；B.可以放心；C.存在令人担心的因素，但问题不大；D.令人担心；E.令人十分担心。

思考与练习

1. 什么是投资环境？投资环境具有哪些特征？
2. 投资软环境和硬环境具体包含哪些内容？
3. 投资环境评价的主要方法有哪些？

第四章 证券的收益与风险

第一节　收益与收益率

一、收益和收益率的基本概念

收益作为金融学的核心概念，涉及投资、资产管理和财务规划等多个方面。准确理解收益的基本概念对于投资者、学者和政策制定者至关重要。

（一）收益的概念

收益是指投资或资产在一定时间内所产生的增加值。这个定义包括以下几个要素：

1. 时间

收益是在一定时间内产生的，通常以年、季度或月为单位。时间的长短会影响收益的计算和比较。

2. 投资或资产

收益是相对于一定的投资或资产而言的。不同的投资或资产会有不同的收益特征和风险水平。

（二）收益率概念

收益率是金融学中的一个核心概念，用于衡量投资或资产在一定时间内的回报率。它是投资者评估投资效益和做出决策的关键指标。收益率是指投资或资产在一定时间内所产生的收益与本金的比率，通常以百分比形式表示。这个定义包括以下几个要素：

1. 收益

收益是指投资或资产在一定时间内所产生的增加值，具体表现为货币资金的流入或经济利益的增加。

2. 本金

本金是指投资者最初投入的资金量，是计算收益率的基础。

3. 时间

时间是指投资或资产持有或运作的时间长度，通常以年、季度或月为单位。时间的长短会影响收益率的计算和比较。

二、收益与收益率的类型

（一）收益的分类

1. 利息收益和资本利得

根据收益的来源，收益可以分为利息收益和资本利得。利息收益是指投资者因借贷或存款而获得的利息收入。资本利得是指投资者因资产价格的上涨而获得的收益。

2. 绝对收益和相对收益

根据收益的表现形式，收益可以分为绝对收益和相对收益。绝对收益是指投资的增加值，通常以货币单位表示。相对收益是指投资的收益率，通常以百分比表示。

3. 预期收益和实际收益

根据收益的可预测性，收益可以分为预期收益和实际收益。预期收益是指投资者在投资前对投资的未来收益进行预测。实际收益是指投资的最终实际收益，可能与预期收益存在差异。

（二）收益率的分类

1. 实际收益率与名义收益率

根据是否考虑通货膨胀的影响，收益率可分为实际收益率和名义收益率。实际收益率是指在考虑通货膨胀因素的情况下，投资或资产的实际购买力所获得的回报率；而名义收益率则未考虑通货膨胀的影响，仅反映货币资金流入的增加值。

2. 年化收益率与非年化收益率

根据时间单位的差异，收益率可分为年化收益率和非年化收益率。年化收益率是指按照一年时间计算的收益率；非年化收益率则是指按照其他时间单位计算的收益率，如季收益率、月收益率等。

3. 单期收益率与多期收益率

根据计算期间的长短，收益率可分为单期收益率和多期收益率。

单期收益率是指在某一特定时间点或短时间段内的投资回报率。它主要反映该时间点的投资效益，不考虑时间跨度的影响。其具有以下特点：

（1）独立性：单期收益率只考虑单个时间点的投资回报，与其他时间段无关，因此具有独立性。

（2）短时间评估：单期收益率适用于短时间段的投资效益评估，例如一周、一月或一个季度。

（3）简单直观：单期收益率的计算较为简单，结果直观易懂，适合用于小规模投资或短期投资的收益评估。

多期收益率是指跨越多个时间段的投资回报率，通常用于衡量长期投资效益。多期收益率能够综合考虑不同时间段的投资表现，提供更全面的收益评估。多期收益率的计算方法有多种，其中最常用的是几何平均收益率和算术平均收益率。具有以下特点：

（1）时间跨度长：多期收益率通常用于评估长期投资效益，涉及的时间跨度较长，如几年、几十年等。

（2）综合评估：多期收益率综合考虑了不同时间段的投资表现，能够更全面地反映投资的整体效益。

（3）复利效应：在多期收益率的计算中，需要考虑复利效应的影响。复利效应是指投资的收益能够产生利息或资本利得，进而影响未来的收益水平。

（4）时间一致性：在计算多期收益率时，需要注意时间单位的一致性。如果时间段不同，例如将年度收益率与季度收益率相加，需要调整为相同的时间单位进行比较。

三、收益率的衡量指标

收益率是衡量投资或资产收益水平的指标，通常以百分比表示。常见的收益率指标包括年化收益率、内部收益率等。这些指标具有不同的特点和适用范围，具体如下：

1. 年化收益率

将非一年期的投资回报率转化为一个标准的一年期回报率，以方便比较。年化收益率可以通过公式计算得出，例如对于一笔投资期限为3个月的投资，如果其回报率为2%，则其年化收益率可以通过乘以12除3计算得出。

2. 内部收益率（IRR）

IRR可以通过求解一系列的折现现金流方程得出，对于一些分期投入和产出的投资项目来说，IRR是一个非常重要的衡量指标。

3. 几何平均收益率与算术平均收益率

几何平均收益率是指考虑了复利效应的平均收益率，而算术平均收益率则是指简单平均的收益率。在实际应用中，需要根据具体情况选择适当的收益率指标进行比较和分析。

四、影响收益与收益率的因素

（一）影响收益的因素

1. 市场环境

市场利率、通货膨胀率和资产价格波动等市场因素会对投资者的收益产生直接的影响。例如，在低利率环境下，投资者可能会寻找高风险高回报的投资机会，而在高利率环境下，投资者可能会更倾向于保守的投资策略。

2. 投资策略

不同的投资策略会导致不同的风险和回报。例如，股票投资通常具有较高的潜在收益，但同时也伴随着较大的风险；而债券投资通常风险较低，但收益率也相对较低。因此，投资者需要根据自己的风险承受能力和投资目标选择合适的投资策略。

3. 风险承受能力

风险承受能力较高的投资者可能会选择风险较高的投资机会以获取更高的回报，而风险承受能力较低的投资者则可能会选择更为保守的投资策略以确保资金的安全性。

4. 时间因素

投资的时间长短也会影响最终的收益。长期投资通常能够平滑短期的市场波动，但同时也意味着更长的投资周期和潜在的不确定性。因此，投资者需要根据自己的资金需求和风险承受能力选择合适的投资期限。

5. 宏观经济因素

宏观经济因素如经济增长、通货膨胀、就业率等也会对投资的收益产生影响。例如：在经济扩张时期，企业盈利状况较好，股票市场往往表现较好；而在经济衰退时期，投资者需要更加谨慎地选择投资的领域和行业以降低风险。

（二）影响收益率的因素

1. 市场环境

市场环境是影响收益率的首要因素。市场利率的变动会影响借贷成本和投资回报率，通货膨胀率的变化则会影响购买力和投资的实际收益，而资产价格的波动则决定了投资的价值变化。

2. 投资策略

投资策略是影响收益率的重要因素之一。不同的投资策略会导致不同的风险和回报水平。例如，成长型投资策略注重选择具有潜力的成长性股票，而价值型投资策略则关注被低估的股票。投资者应根据自身的风险承受能力和投资目标选择合适的投资策略，以获得较高的收益水平。

3. 风险承受能力

风险承受能力是影响收益率的另一个关键因素。投资者对于风险的承受能力不同直接影响到他们的投资选择和预期收益水平。风险承受能力较高的投资者可能会选择风险较高的投资机会以获取更高的回报；而风险承受能力较低的投资者则可能选择更为保守的投资策略以确保资金的安全性。

4. 资产配置

资产配置是指投资者将资金分配到不同的资产类别中以实现风险和收益的平衡。合理的资产配置能够降低单一资产的风险并提高整体投资组合的收益水平。投资者应根据自身的风险承受能力和投资目标进行合理的资产配置，以最大化收益水平。

5. 税务因素

税务因素也是影响收益水平的重要因素之一。不同国家和地区的税法制度对投资者所获得的收益产生影响。投资者需要了解当地的税法规定，合理规划税务以降低税务负担，从而提高实际收益。

第二节　资产收益率的测量

一、资产收益率概念

（一）资产收益率的定义

资产收益率是财务分析中的一个核心概念，它提供了关于企业或投资项目的盈利能力的直接衡量。

资产收益率（return on assets，ROA）是指企业在一定时期内所获得的净利润与其总资产的比率。它反映了企业利用资产产生收益的能力。在数学公式中，资产收益率可以表示为：

资产收益率=净利润/总资产

这个定义突出了资产收益率的两个关键要素：净利润和总资产。净利润是企业经营活动产生的利润，而总资产是企业所拥有的全部资产。通过比较这两个值，我们可以评估企业如何有效地利用其资产产生利润。

（二）资产收益率的重要性

1. 盈利能力评估

资产收益率提供了对企业盈利能力的直接衡量。通过比较不同时期的资产收益率，我们可以了解企业的盈利能力是否有所改善或恶化。

2. 资本配置效率

资产收益率有助于评估企业如何有效地配置资本。高的资产收益率可能表明企业正在有效地利用其资产产生利润，而低的资产收益率可能表明资本配置不当或存在其他问题。

3. 财务决策制定

资产收益率是财务决策制定中的关键因素。例如，银行在决定贷款时通常会考虑借款人的资产收益率，因为这可以作为其偿债能力的一个指标。

4. 投资者决策

对于投资者而言，资产收益率是评估投资潜力的重要指标。投资者可以通过分析企业的资产收益率来决定是否投资或继续持有某公司的股票。

5. 行业比较

通过比较同一行业内不同企业的资产收益率，投资者和财务分析师可以更好地了解企业在行业中的竞争地位和市场表现。

资产收益率作为一个综合性的财务指标，对于评估企业的盈利能力、资本配置效率、偿债能力以及投资潜力具有重要意义。正确理解和应用资产收益率可以帮助企业和投资者做出更明智的财务决策。

二、资产收益率的测量方法

资产收益率的测量方法主要分为两种：直接测量法和间接测量法。直接测量法是通过直接获取企业的净利润和总资产数据来计算资产收益率，而间接测量法则是通过其他财务指标或模型来间接推导出资产收益率。在实际应用中，直接测量法是最常用和最直接的方法。

（一）直接测量法

直接测量法是通过获取企业的财务报表数据来计算资产收益率。具体步骤如下：

1. 计算净利润

从利润表中获取净利润数据。净利润是企业经营活动的最终结果，反映了企业在一定时期内的盈利情况。

2. 计算总资产

从资产负债表中获取总资产数据。总资产是企业所拥有的全部资源，包括流动资产、固定资产和其他资产。

3. 计算资产收益率

使用公式"资产收益率=净利润/总资产"来计算资产收益率。这个比率反映了企业利用每一元资产所能产生的净利润。

直接测量法的优点是简单易行，数据易于获取。然而，它也存在一些局限性，如数据质量问题和时间滞后效应等。因此，在使用直接测量法时，需要注意数据的准确性和时效性。

（二）间接测量法

间接测量法是通过其他财务指标或模型来间接推导出资产收益率。常用的间接测量法包括以下几种：

1. 杜邦分析法

杜邦分析法是一种综合性的财务分析方法，通过分解资产收益率来揭示企业的盈利能力和运营效率。它将资产收益率分解为权益乘数、资产周转率和销售净利率三个指标的乘积，从而提供更详细的信息。

2. 经济增加值法

经济增加值法是一种基于剩余收益理念的财务分析方法，通过计算企业的经济增加值来评估其盈利能力。经济增加值法考虑了权益资本的成本，因此能够更准确地反映企业的真实盈利能力。

3. 风险调整后的资产收益率

这种方法考虑了风险因素对资产收益率的影响。通过引入风险调整系数或使用风险模型来调整资产收益率，可以更准确地评估企业在不同风险水平下的盈利能力。

间接测量法的优点是可以提供更详细和深入的信息，帮助分析师更全面地了解企业的财务状况和盈利能力。然而，这些方法通常需要更多的数据和复杂的计算过程，因此在实际应用中可能受到一定限制。

资产收益率的测量方法是财务分析中的重要内容。直接测量法和间接测量法各有优缺点，适用于不同的分析目的和场景。在实际应用中，建议根据具体情况选择合适的测量方法，并结合其他财务指标和定性信息进行综合分析，以更准确地评估企业的盈利能力。

第三节　资产风险及其量度

一、资产风险的概念、特点与分类

（一）资产风险的概念

在金融领域，风险是一个无法避免的概念。它描述了投资或资产价值的潜在不确定性。这种不确定性可能源于多种因素，如市场变动、经济环境、管理决策等。理解资产风险的概念、特点和分类对于投资者、分析师和决策者来说至关重要，因为它们有助于评估和管理投资组合的风险。

资产风险通常定义为资产价值的不确定性或波动性。这种不确定性可能源于多种因素，包括市场变动、供求关系、经济周期、政策变化等。在金融市场中，资产风险意味着投资者面临着资产价值下跌的可能性。因此，风险也被视为与潜在损失相关的不确定性。

（二）资产风险的特点

1. 潜在损失的不确定性

资产风险的核心特点是投资者面临潜在损失的不确定性。这种不确定性意味着投资者无法准确预测未来资产价格的变动。

2. 波动性

风险通常与资产的波动性相关。波动性是指资产价格在一定时期内的变化幅度。高波动性通常意味着风险较高，因为资产价值更容易受到市场因素的影响而发生大幅变动。

3. 多元化

资产风险的来源是多元化的，包括市场风险、信用风险、流动性风险等。这些不同类型的风险具有不同的特点和影响。

4. 可度量性

尽管风险是潜在的，但通过适当的统计方法和风险管理工具，可以对风险进行量化评估。这有助于投资者和决策者更好地了解和管理风险。

5. 时间敏感性

随着时间的推移，市场环境和资产价格可能会发生变化，因此风险也会随之变化。这意味着风险是时间敏感的，投资者需要定期评估和管理其投资组合的风险。

（三）资产风险的分类

根据不同的标准，可以将资产风险分为多种类型。以下是常见的几种分类方式：

1. 市场风险与非市场风险

根据风险来源，可以将风险分为市场风险和非市场风险。市场风险是由市场因素（如利率、汇率、商品价格等）变动引起的风险。非市场风险则包括特定行业、公司或项目相关的特定风险因素。

2. 系统风险与非系统风险

根据影响范围，可以将风险分为系统风险和非系统风险。系统风险是指影响整个市场的风险因素，如宏观经济因素、政策变化等。非系统风险则是指特定资产或投资组合所特有的风险因素，通常只影响该资产或组合的表现。

3. 可分散风险与不可分散风险

根据投资组合理论，可以将风险分为可分散风险和不可分散风险。可分散风险是指可以通过多元化投资来降低的风险。不可分散风险则是指无法通过多元化投资来降低的风险，通常与整个市场或特定行业相关。

4. 静态风险与动态风险

根据风险的动态变化特点，可以将风险分为静态风险和动态风险。静态风险是指相对稳定的风险因素，如公司的基本面信息。动态风险则是指随时间变化的风险因素，如市场趋势和宏观经济环境的变化。

5. 特定风险与一般风险

根据风险的特定性和一般性特点，可以将风险分为特定风险和一般风险。特定风险是指与特定资产或项目相关的特定风险因素。一般风险则是指广泛存在的、影响大多数资产的风险因素，如市场波动和通货膨胀等。

二、资产风险的衡量

资产风险的衡量方法主要包括两种：定性方法和定量方法。

（一）定性方法

定性方法主要基于对资产基本面和市场环境的深入分析，以评估潜在的风险因素。这种方法依赖于专家意见、行业趋势、公司治理结构等因素。通过深入了解资产所处的市场环境、竞争格局以及企业自身的财务状况，投资者可以大致评估资产风险的大小。

（二）定量方法

定量方法主要基于数学模型和统计分析，对资产的风险进行量化评估。常见的定量风险衡量指标包括波动率、贝塔系数、夏普比率等。这些指标通过历史数据和市场模型来预测资产价格的波动性，从而评估风险的大小。

1. 波动率

波动率是衡量资产风险最常用的指标之一。它描述了资产价格在一定时期内的波动幅度。高波动率意味着资产价格容易发生大幅变动，因此风险相对较高。波动率可以通过过去一段时间内的历史数据计算得出，也可以通过市场模型进行预测。

2. 贝塔系数

贝塔系数是一种用于衡量资产相对于整个市场波动性的指标。贝塔系数大于1意味着资产的波动性高于市场平均水平，风险相对较大。贝塔系数小于1则意味着资产的波动性低于市场平均水平，风险相对较小。贝塔系数是通过历史数据和市场模型计算得出的，是资本资产定价模型中的重要参数。

3. 夏普比率

夏普比率是一种综合考虑风险和收益的指标，用于评估投资组合的绩效。它通过比较投资组合超额收益与风险之间的关系来评估投资组合的风险调整后收益。夏普比率越高，说明在相同风险下获得的超额收益越高，投资组合的绩效越好。

准确衡量资产风险对于投资者来说至关重要，因为它有助于制定有效的投资策略和风险管理措施。波动率、贝塔系数和夏普比率等常用指标为投资者提供了量化评估资产风险大小的工具，有助于提高投资决策的准确性和风险管理效果。

然而，值得注意的是，任何一种风险衡量方法都存在局限性，因为风险是一个复杂的概念，受到多种因素的影响。因此，在实际应用中，投资者应结合多种方法和指标进行综合评估，以获得更全面和准确的风险评估结果。此外，随着金融市场的不断发展和创新，新的风险衡量方法和指标也不断涌现。因此，投资者应保持对市场动态的关注，并积极探索和应用新的风险衡量工具和技术，以适应不断变化的市场环境。

三、资产风险控制对策

在金融投资领域，资产风险是一个不可忽视的因素。投资者和管理者需要采取有效的风险控制对策，以降低潜在损失和增加收益的稳定性。

（一）资产风险控制对策的制定原则

（1）全面性原则。风险控制对策应全面覆盖投资组合，考虑到各种潜在的风险因素。

（2）适应性原则。根据投资者的风险承受能力和投资目标，制定合适的风险控制对策。

（3）动态调整原则。随着市场环境和投资组合的变化，风险控制对策也应进行相应的调整。

（二）资产风险控制对策的具体措施

（1）分散投资。通过分散投资，降低单一资产的风险集中度，从而降低整个投资组合的风险。

（2）限制杠杆。合理控制杠杆水平，避免过度借贷导致的财务风险。

（3）止损策略。设置止损点，当资产价格跌破某一预定水平时自动卖出，以限制潜在的损失。

（4）风险管理技术的运用。利用金融衍生品、对冲策略等风险管理工具来降低或转移风险。

（5）定期评估与调整。定期对投资组合进行评估，根据市场环境和风险状况调整资产配置。

（6）加强内部控制。建立健全的内部控制机制，规范投资决策流程，降低操作风险。

（7）宏观经济与政策研究。深入分析宏观经济和政策动向，预判市场走势，为投资决策提供依据。

（8）建立风险储备。预留一部分资金或资源作为风险储备，以应对不可预见的风险事件。

（9）利用外部专家意见。聘请专业的风险管理顾问或咨询机构，获取更专业的风险管理建议。

（10）持续学习和更新。金融市场和风险管理技术不断演变，投资者和管理者应持续学习和更新知识。

（三）案例分析与实践应用

为了更具体地说明资产风险控制对策的应用，我们可以分析一些具体的案例。例如，某投资者采用分散投资的策略，将资金分配到多种不同的资产类别和行业，降低了单一资产的风险；另一投资者采用止损策略，当股票价格下跌到某一预定水平时自动卖出，避免了进一步的损失。这些案例表明，通过合理的资产配置和风险管理策略，投资者可以有效地降低风险并提高投资组合的稳定性。

资产风险控制对策是投资者和管理者必须关注的重要问题。通过制定全面的风险控制对策并采取有效的措施，可以降低潜在损失、增加收益的稳定性并提高投资组合的管理效率。未来的研究和实践应继续关注市场环境和投资策略的变化，不断改进和完善风险控制对策，以适应不断变化的金融市场环境。同时，加强国际合作和交流也是推动风险管理领域发展的重要途径之一，通过国际合作和交流可以相互借鉴和学习先进的风险管理理念和实践经验，共同推动全球风险管理水平的提升。

第四节　风险溢价

一、风险溢价概念

风险溢价是金融学中的一个核心概念，它描述了投资者因承担额外风险而要求获取的额外回报。简单来说，投资者在追求更高收益的同时，往往需要承担更多的风险，而风险溢价正是对这种额外风险的补偿。风险溢价的存在是因为不同投资的风险程度不同，投资者对风险的承受能力也不同，因此他们为承担额外风险而获得的额外收益也会有所不同。

二、风险溢价的来源

风险溢价的来源主要有两个方面：一是风险本身的特性，二是市场供需关系。

（1）风险本身的特性是风险溢价的主要来源。不同类型的风险具有不同的特性，例如市场风险、信用风险、流动性风险等。这些风险的特性不同，对投资者的影响也不同，因此投资者对不同风险的承受能力也不同。承担额外风险需要额外的回报作为补偿，因此风险本身的特性决定了风险溢价的水平。

（2）市场供需关系也是影响风险溢价的重要因素。在某些情况下，投资者对高风险资产的需求可能超过供给，导致高风险资产的价格上升，进而推高其收益率，即风险溢价上升。相反，如果高风险资产的需求低于供给，其价格可能下降，收益率降低，风险溢价下降。

三、影响风险溢价的因素

（一）市场环境

市场环境的稳定性和波动性对风险溢价具有显著影响。在市场波动较大时，投资者面临的不确定性增加，风险溢价相应上升；而在市场环境稳定时，风险溢价相对较低。市场环境的稳定程度通过影响投资者对风险的感知和评估，进一步影响风险溢价。

（二）资产类别与行业特性

不同资产类别和行业的风险特性存在差异。例如，股票投资通常具有较高的风险，因此相应的风险溢价也相对较高；而债券投资的风险相对较低，其风险溢价也相应较低。此外，不同行业的经营状况、竞争格局和政策环境等也会影响其风险溢价水平。

（三）宏观经济因素

经济增长、通货膨胀、利率水平等宏观经济因素对风险溢价产生重要影响。经济增长的稳定性、通货膨胀的水平以及利率的变动都会影响投资者对未来市场的预期，进而影响风险溢价的水平。例如：在经济扩张期，投资者对风险的容忍度较高，风险溢价可能相对较低；而在经济衰退期，投资者对风险的担忧增加，风险溢价相应上升。

（四）政策与法规变动

政府政策与法规的变动可能影响市场的运行和企业的经营，从而影响投资者对风险溢价的预期。例如，财政政策和货币政策的调整可能影响市场的流动性，进而影响风险溢价的水平。此外，监管政策的变动也可能对特定行业的风险溢价产生影响。

（五）投资者行为与心理因素

投资者的行为和心理因素也会影响风险溢价。例如，投资者的过度自信、从众心理或恐慌情绪等都可能影响其对风险的评估和决策行为，从而影响风险溢价的水平。在某些情况下，投资者可能因非理性行为而高估或低估风险，导致风险溢价偏离其正常水平。

（六）信息不对称与信息获取成本

在金融市场中，信息不对称现象普遍存在。由于信息获取的不完全和不对称，投资者可能无法准确评估投资项目的真实风险。因此，信息不对称的程度越高，投资者要求的风险溢价也就越高。此外，信息获取成本也是影响风险溢价的因素之一。投资者为获取充分的信息以评估风险需要付出一定的成本，当信息获取成本较高时，投资者可能会要求更高的风险溢价作为补偿。

（七）资本结构与财务状况

企业的资本结构和财务状况也是影响其风险溢价的重要因素。高杠杆率或不良财务状况的企业可能面临更高的信用风险，因此投资者会要求相应的风险溢价作为补偿。此外，企业的治理结构、管理层的质量等因素也会影响投资者对企业未来经营状况的预期，进一步影响其风险溢价的评估。

（八）国际因素

全球经济一体化使得各国市场之间相互关联性增强，国际政治经济事件和汇率波动等因素也可能对特定资产的风险溢价产生影响。例如，国际贸易摩擦、地缘政治风险或主要货币的汇率波动等都可能引发市场不确定性，进而影响风险溢价的水平。

影响风险溢价的因素具有多样性，涵盖了市场环境、资产类别与行业特性、宏观经济因素、政策与法规变动、投资者行为与心理因素、信息不对称与信息获取成本、资本结构与财务状况以及国际因素等多个方面。这些因素相互作用、相互影响，共同决定着风险溢价的水平。深入了解和分析这些因素有助于投资者更准确地评估风险溢价，制定有效的投资策略和控制风险的措施。

然而，目前对风险溢价的研究仍然存在一些挑战和未解之谜。例如，如何更准确地度量和管理系统性风险和非系统性风险之间的关系？如何从微观层面上揭示企业特征、市场环境和政策因素等对风险溢价的动态影响？未来研究可以进一步探索这些领域，以深化我们对风险溢价的认知和理解。

同时，随着科技的发展和金融市场的不断创新，新的因素和变量可能对风险溢价产生影响。例如，金融科技的发展使得数据获取和处理能力大幅提升，这为投资者提供了更全面的市场信息和更准确的定价机制；再如新兴的数字货币和区块链技术可能对传统金融市场的风险结构和定价机制带来挑战和机遇。因此，未来的研究和实践应保持敏锐的洞察力，关注市场前沿和创新发展，以适应不断变化的金融环境。

四、预测风险溢价的方法

预测风险溢价的方法多种多样，涵盖了历史模拟法、统计模型法、蒙特卡洛模拟法、专家判断法、人工智能与机器学习方法、集成学习方法、宏观经济学模型、市场情绪指数、高频交易数据以及政策与监管指标等多个方面。这些方法各有优缺点，适用范围也不同，投资者和研究者可以根据具体情境选择合适的方法进行风险溢价的预测和分析。

（一）历史模拟法

基于历史数据模拟未来风险溢价的分布。这种方法假设历史数据包含了未来风险溢价的全部信息，适用于数据充足且市场环境相对稳定的情形。然而，历史模拟法存在一定的局限性，因为历史数据可能无法完全反映未来的市场环境和风险因素。

（二）统计模型法

统计模型法利用统计模型预测风险溢价。常见的统计模型包括线性回归模型、时间序列模型和机器学习模型等。这些模型基于历史数据和相关变量（如市场指数、利率、通货膨胀等）来预测风险溢价。这种方法要求选择合适的变量和模型，并对数据进行清洗和预处理，以避免模型的过拟合和偏差。

（三）蒙特卡洛模拟法

蒙特卡洛模拟法通过模拟多种未来情景来预测风险溢价。蒙特卡洛模拟基于概率分布来生成随机数，模拟市场的各种可能变化，并计算相应的风险溢价。这种方法能够考虑多种风险因素和不确定性，但需要大量的计算资源和时间，且模拟结果的准确性取决于所选择概率分布的合理性和参数的设定。

（四）专家判断法

专家判断法基于专家对市场和行业的深入了解和分析对风险溢价进行预测。这种方法主观性强，依赖于专家的专业知识和经验。为了提高预测的准确性，需要对专家判断进行综合和分析，并结合其他方法进行交叉验证。

（五）人工智能与机器学习方法

人工智能与机器学习方法利用人工智能和机器学习算法进行风险溢价的预测。这些方法可以从大量数据中提取特征、识别模式并进行预测。常见的机器学习方法包括支持向量机、神经网络、决策树等。然而，这些方法需要大量的训练数据和计算资源，且模型的解释性和透明度可能较低。

（六）集成学习方法

集成学习方法将多种预测方法结合起来，形成一个综合的预测模型。集成学习方法能够利用不同方法的优势，提高预测的准确性和稳定性。常见的集成学习方法包括bagging、boosting和stacking等。这种方法需要选择合适的基模型和集成策略，并进行参数调整和优化。

（七）宏观经济学模型

宏观经济学模型基于宏观经济因素和指标建立预测模型。这些模型通常包括经济增长、通货膨胀、利率水平等宏观经济变量作为解释变量，利用统计方法或计量经济学模型进行分析和预测。这种方法能够综合考虑多种因素对风险溢价的共同影响，但需要确保宏观经济变量的准确性和及时性。

（八）市场情绪指数

市场情绪指数反映了投资者对市场的信心和预期，通过分析市场情绪的变化可以预测风险溢价的走势。这种方法需要构建有效的市场情绪指数，并考虑其他因素的影响和市场噪声。

（九）高频交易数据

高频交易数据提供了市场微观结构和交易量的信息，有助于揭示市场的动态和交易策略。这种方法需要对高频数据进行清洗、处理和分析，并考虑交易成本和市场影响力的因素。

（十）政策与监管指标

政策与监管指标包括货币政策、财政政策、监管政策等，通过分析这些指标的变化可以预测市场环境和风险溢价的走势。这种方法需要关注政策与监管的动态变化，并考虑其对市场的影响时滞和不确定性。

第五节　风险管理

一、风险管理的内容及方法

风险管理是金融领域的核心概念之一，它涉及对风险的识别、评估、控制和监控等一系列管理活动。

（一）风险管理的价值与意义

风险管理是指对潜在的或现存的风险进行识别、评估和控制的过程，旨在将风险控制在可承受范围内，实现既定的目标。有效的风险管理对于组织的稳健运营和可持续发展至关重要，它有助于减少风险事件的影响，保障资产的安全，提高组织的盈利能力和市场竞争力。

1. 风险管理的核心价值

（1）减少不确定性：风险是未来的不确定性和变化，风险管理旨在减少这种不确定性，使组织能够更好地规划和应对未来的挑战。

（2）保障资产安全：通过有效的风险管理，组织能够确保其资产、财务和资源的安全，避免不必要的损失。

（3）提高决策质量：风险管理为决策者提供了全面的风险信息和建议，有助于做出更加科学、合理的决策。

（4）增强战略执行力：风险管理是组织战略实施过程中的重要环节，它确保战略目标的顺利实现。

（5）提升竞争力：通过有效的风险管理，组织能够降低风险成本、提高运营效率，从而增强其在市场中的竞争力。

2. 风险管理的多维度意义

（1）组织层面：从组织的整体角度来看，风险管理有助于确保组织的长期稳定发展，减少因突发事件或危机带来的冲击。它增强了组织的适应能力和抵抗力，使其在多变的环境中保持竞争优势。

（2）业务层面：在具体的业务活动中，风险管理有助于识别、评估和控制潜在的风险，为业务的顺利开展提供保障。它使得业务决策更为明智，降低了业务活动的风险成本。

（3）员工层面：对于员工来说，有效的风险管理意味着在工作环境中减少不必要的担忧和不确定性，使他们能够更加专注于职责和工作，提高了工作满意度和效率。

（4）合规与监管层面：随着全球监管标准的加强，组织必须遵守更为严格的法律法规。风险管理确保了组织在运营过程中遵守相关法规，避免了因违规行为带来的法律风险和经济损失。

（5）投资者与利益相关者层面：对于投资者和其他利益相关者来说，一个稳健的风险管理框架提供了更为可靠的投资环境和利益保障，增强了他们对组织的信任和支持。

（6）社会责任层面：作为社会的重要成员，组织有责任保护其利益相关者的权益和社会的整体利益。通过风险管理，组织能够减少对环境的负面影响、保障消费者权益、防止不正当交易等行为，从而履行其社会责任。

3. 风险管理与可持续发展

可持续发展已经成为全球企业共同追求的目标。在这个过程中，风险管理不仅是可持续发展的组成部分，更是实现可持续发展目标的重要支撑。它确保了组织在追求经济利益的同时，充分考虑环境、社会和治理的长期影响，平衡短期与长期的利益。

风险管理在现代组织中的意义重大且深远。它不仅关乎组织的短期运营和财务状况，更影响着组织的长期战略发展和声誉。在日益复杂和多变的环境中，组织必须不断加强和完善其风险管理机制，确保能够在不确定的世界中稳步前行，实现长期的成功与繁荣。未来研究可以进一步探讨不同行业、不同规模的组织如何实施有效的风险管理策略和方法，以及如何在全球范围内建立更加统一和规范的风险管理标准。

（二）风险管理的构成要素

1. 风险识别

风险识别是风险管理的基础，它涉及对潜在风险因素的辨识和评估。通过风险识别，组织能够了解自身所面临的风险类型、来源和影响程度，为后续的风险评估和控制提供基础数据。

2. 风险评估

风险评估是对已识别的风险进行量化和分析的过程。它包括对风险发生的可能性和影响程度进行评估，以便确定风险的重要性和优先级。风险评估有助于组织制定针对性的风险管理策略和措施。

3. 风险控制

风险控制是实施风险管理策略和措施的过程，旨在降低风险发生的可能性和影响程度。组织可以根据自身的风险承受能力和偏好，采取相应的控制措施，如风险规避、风险分散、风险转移等。

4. 风险监控

风险监控是对已实施的风险管理策略和措施进行持续监测和评估的过程。通过风险监控，组织能够及时发现和应对新的风险事件，确保风险管理策略的有效性和适应性。

二、风险管理的方法

在金融领域中，风险管理的方法是多种多样的，每一种方法都有其独特的优势和适用范围。

（一）定性风险管理方法

定性风险管理方法主要依赖于主观判断、经验分析等非量化因素，它通常用于评估风险的性质、可能性以及潜在影响。以下是几种常见的定性风险管理方法：

1. 风险评估地图

风险评估地图是一种直观的风险评估工具，它将风险的可能性与影响程度相结合，以矩阵的形式展示风险的大小和优先级。这种方法有助于组织快速识别和评估风险。

2. 风险矩阵

风险矩阵是一种将风险因素按照潜在影响程度进行分类的方法。通过将风险因素放入矩阵中，组织可以对不同类别的风险进行比较和分析，从而制定相应的风险管理策略。

3. 风险清单

风险清单是一种将潜在风险因素列举出来并进行评估的方法。组织可以根据自身的实际情况和业务需求制定适合的风险清单，以便对各种风险进行全面、系统地评估和管理。

4. 专家评估法

专家评估法是一种依靠专家知识和经验进行风险评估的方法。通过邀请相关领域的专家对风险进行评估和预测，组织可以获得更为专业和可靠的意见和建议。

（二）定量风险管理方法

定量风险管理方法主要依赖于数据、模型和统计分析等量化手段，它能够对风险进行更为精确的测量和预测。以下是几种常见的定量风险管理方法：

1. 金融衍生品定价模型

金融衍生品定价模型是一种用于评估金融衍生品风险的方法。通过建立相应的数学模型，组织可以对衍生品的价值进行评估，并计算出相应的风险敞口和敏感度。

2. 风险价值法

风险价值法是一种用于测量在一定置信水平下未来特定时期内潜在损失的统计方法。通过计算风险价值，组织可以了解潜在风险的规模和分布情况。

3. 压力测试法

压力测试法是一种模拟极端市场环境或突发事件对组织造成影响的情景分析方法。通过进行压力测试，组织可以评估自身在极端情况下的风险承受能力和脆弱性。

4. 蒙特卡洛模拟法

蒙特卡洛模拟法是一种基于概率模型的随机模拟方法，它可以用于评估潜在风险的分布和概率。通过模拟多种可能的情况，组织可以更准确地了解风险的性质和影响程度。

5. 统计模型法

统计模型法是一种利用历史数据和相关变量建立数学模型来预测未来风险的方法。常见的统计模型包括回归模型、时间序列模型和机器学习模型等。通过选择合适的模型和变量，组织可以对风险进行更为精确地预测和管理。

（三）综合风险管理方法

综合风险管理方法是将定性方法和定量方法相结合，以实现更为全面和准确的风险管理。这种方法综合考虑了风险的性质、可能性、影响程度等多个方面，有助于组织制定更为合理和有效的风险管理策略。以下是几种常见的综合风险管理方法：

1. 全面风险管理框架

全面风险管理框架是一种系统性的风险管理方法，它包括了风险的识别、评估、控制和监控等多个环节。这种方法要求组织从整体角度出发，全面考虑各种风险因素，并制定相应的管理策略和控制措施。

2. 综合压力测试法

综合压力测试是一种结合了压力测试和情景分析的综合风险管理方法。通过模拟多种极端情景，组织可以综合考虑不同情景下的风险影响和应对措施，以制定更为全面和有效的风险管理策略。

3. 跨职能风险管理团队

跨职能风险管理团队是一种将不同部门和领域的专业人员聚集在一起共同进行风险管理的组织形式。通过跨职能合作，组织可以综合利用各部门的专业知识和经验，提高风险管理的全面性和准确性。

4. 集成风险管理系统

集成风险管理系统是一种将各种风险管理工具和技术整合到一个统一平台上的管理系统。通过集成化管理，组织可以实现对风险的全面监控和预警，提高风险应对的及时性和有效性。

在实际应用中，组织可以根据自身的实际情况和业务需求选择合适的风险管理方法。未来研究可以进一步探索新的风险管理技术和方法，以提高风险的预测和应对能力，为组织的稳健运营提供更加坚实的保障。同时，随着金融市场的不断发展和创新，组织需要不断更新和完善自身的风险管理理念和方法，以应对日益复杂和多变的风险环境。此外，加强跨部门、跨领域的合作与交流也是提高风险管理水平的重要途径之一。通过共享经验和资源，组织可以共同应对风险挑战，推动风险管理领域的持续发展和进步。

思考与练习

1. 收益和收益率主要受哪些因素影响？
2. 什么是资产收益率？主要有哪些测量方法？
3. 资产风险的种类主要有哪些？具体表现出怎样的特点？
4. 什么是风险溢价？
5. 什么是风险管理？风险管理的主要方法有哪些？

第五章 投资组合分析

第一节　资产组合选择

一、资产组合选择理论

资产组合选择是金融投资的核心问题，它关乎投资者如何在不确定的市场环境中实现资产的优化配置。

（一）资产组合选择理论的起源与发展

资产组合选择理论起源于20世纪50年代，该理论的核心思想是在给定的风险水平下，追求最高收益；或在给定的收益水平下，实现最低风险。这一理论的提出，为投资者在复杂多变的市场环境中进行资产配置提供了重要的理论依据。

随着研究的深入，资产组合选择理论不断发展。资本资产定价模型和套利定价理论等模型的出现，进一步丰富了资产组合选择的理论体系。这些模型从不同的角度对风险与收益的关系进行了深入探讨，为投资者提供了更为精细的风险管理工具。

（二）现代资产组合选择理论的基石

1. 均值-方差分析

资产组合选择理论基于均值-方差分析框架。在这一框架下，投资者通过权衡资产的预期收益率和风险（方差）来选择最优的资产组合。资产组合选择理论证明了存在一种资产组合，其收益率高于所有其他资产组合的平均收益率，同时其风险低于所有其他资产组合的风险。这一理论为投资者提供了构建有效前沿的基础。

2. 分离定理

分离定理指出，投资者对于风险和收益的偏好可以通过无差异曲线和资本市场线来描述。根据这一理论，投资者应首先确定自己的风险容忍度，然后根据这一容忍度在资本市场线上找到对应的资产组合。

3. 投资组合的有效性

在现代资产组合理论中，有效投资组合是指那些位于资本市场线上、高于所有其他有效投资组合的点。这些点代表了投资者可以获得的最大预期收益率，同时仍保持相应的风险水平。有效投资组合是投资者进行决策的基础，它反映了市场的竞争性和效率。

4. 资本资产定价模型

资本资产定价模型是现代金融学中用于评估资产风险的模型之一。该模型将资产的预期收益率分解为两部分：一是无风险利率，二是风险溢价。资本资产定价模型通过确定特定资产或投资组合的系统性风险来解释其预期收益，为投资者提供了理解和评估风险与收益之间关系的重要工具。

5. 因素模型与多因子模型

因素模型假设资产的收益率由少数几个共同因子决定。多因子模型则进一步扩展了这一理论，认为资产的收益率不仅受共同因子影响，还受特定因子影响。这些模型有助于投资者理解资产的定价机制，从而构建有效的投资策略。

（三）资产组合选择理论的现实意义

资产组合选择理论的提出与发展，对现代金融市场产生了深远的影响。它不仅为投资者提供了科学的资产配置方法，还为金融机构和监管机构提供了有效的风险管理工具。通过运用这些理论工具，投资者能够更好地理解市场的运作机制，制定符合自身风险偏好和收益目标的投资策略。

然而，理论和实践之间仍存在一定的差距。市场的不完全竞争、信息不对称以及投资者的非理性行为等因素都会影响资产价格的确定和市场效率。因此，在应用资产组合选择理论时，应充分考虑市场的实际情况和投资者的行为特征，以制定更为合理和有效的投资策略。

资产组合选择理论作为现代金融学的核心内容之一，为投资者提供了科学的投资决策框架。通过深入理解这些理论工具，投资者可以更好地应对市场的不确定性和风险，实现资产的长期稳健增值。

未来的研究可以进一步探索市场微观结构、投资者行为以及全球金融市场动态等因素对资产组合选择的影响。随着金融科技和大数据分析的发展，新的理论和模型将不断涌现，为投资者提供更为丰富和精准的投资策略和管理工具。

二、资产组合选择策略

资产组合选择策略是投资者在不确定的市场环境中，为追求特定的投资目标而制定的策略。这些策略基于一系列的投资理念和方法，帮助投资者优化资产配置，降低风险并提高收益。

（一）被动策略：指数跟踪

被动策略的核心思想是尽可能减少主动管理与调整，通常以某一市场指数为基准，通过复制该指数的成分与权重来构建资产组合。这种策略认为市场是相对有效的，因此长期来看，无法通过主动管理获得超越市场的收益。指数基金是被动策略的典型代表。

（二）主动策略：积极管理

主动策略强调通过积极地管理和调整资产组合来获取超越市场的收益。这种策略认为市场存在非有效性，通过深入研究市场、行业和公司基本面，投资者可以发现被低估的资产并获取超额收益。然而，主动管理需要较高的成本和较大的管理规模。

（三）混合策略：主动与被动相结合

混合策略试图结合被动和主动两种策略的优点。一方面，通过复制市场指数来降低管理成本和风险；另一方面，通过主动调整部分资产来寻求超越市场的收益。这种策略的目标是在控制风险的同时追求长期稳定的高收益。

（四）资产组合选择策略的考虑因素

选择合适的资产组合策略需要综合考虑多个因素：

（1）投资目标。明确投资目标对于选择资产组合策略至关重要。长期投资目标通常更注重稳健性和可持续性，而短期目标可能更注重灵活性和增值潜力。

（2）风险承受能力。评估投资者的风险承受能力是选择资产组合策略的关键步骤。保守的投资者应选择更为稳定的被动策略，而风险承受能力较高的投资者可以考虑主动策略。

（3）市场环境。分析当前的市场环境对于制定资产组合策略至关重要。例如，在市场过热时，主动管理可能更为合适；而在市场震荡时，被动策略可能更为稳健。

（4）成本与费用。不同的资产组合策略涉及不同的成本与费用结构。投资者应根据自身财务状况评估这些成本并选择合适的策略。

（5）投资期限。投资期限的长短影响投资者对风险的容忍度。长期投资者通常有更充足的时间来分散风险，因此可能更加注重稳健性；而短期投资者可能需要更加灵活的策略来应对市场波动。

（6）信息与资源。投资者自身的信息来源、分析能力和资源也会影响其选择何种资产组合策略。拥有丰富资源和信息的投资者可能更适合主动管理，而资源有限的投资者可能更适合被动策略。

（7）法律与监管环境。不同国家和地区的法律与监管环境对资产组合策略的选择也有影响。例如，某些国家可能对投资于特定行业或资产的基金有特别的规定或限制。

（8）心理因素。心理因素在资产组合选择中同样重要。投资者应评估自己的心理承受能力、风险偏好以及决策时的情绪稳定性，以选择适合自己的资产组合策略。

（9）时间维度。时间维度是制定资产组合策略时容易被忽视的因素。除了考虑长期目标外，投资者还应考虑不同时间段的财务需求和目标，从而制定相应的资产组合策略。

（10）分散化程度。分散化程度是降低非系统性风险的重要手段。投资者应根据自己的风险承受能力和投资目标选择适当的分散化程度。

（11）交易成本与执行难度。在选择资产组合策略时，投资者还应考虑交易成本与执行难度。

（12）风险管理。风险管理是资产组合策略的重要组成部分。投资者应评估各种可能出现的风险情景，并制定相应的风险管理措施，以降低潜在损失的影响。

（13）适应性与调整。资产组合策略并非一成不变。随着市场环境的变化、投资目标的调整以及投资者自身条件的变化，投资者应适时调整资产组合策略以保持适应性。

（14）投资哲学与方法论。投资哲学与方法论是指导投资者进行资产组合选择的根本原则和工具。投资者应根据自己的信仰和方法论选择合适的资产组合策略。

（15）技术分析。技术分析是通过研究市场价格和交易量的变化来预测未来价格走势的方法。在某些情况下，技术分析可以为投资者提供关于何时买入或卖出特定资产的指导。然而，技术分析并不是资产组合选择的唯一依据，应与其他因素结合使用。

在选择资产组合策略时，投资者应综合考虑各种因素并权衡不同策略的优缺点。通过深入理解各种资产组合选择理论和方法，结合自身的实际情况和市场环境，投资者可以制定出适合自己的、科学合理的资产组合策略，以实现投资目标并降低风险。

第二节　资产组合的收益与风险

一、资产组合收益的定义和来源

（一）资产组合收益的定义

资产组合收益是指投资者通过持有多种不同类型的资产而获得的回报。这种回报通常由两个部分组成：资产本身的增值和资产之间的相互影响。资产本身的增值是指资产价值随时间推移自然增长的现象，而资产之间的相互影响则是指不同资产价格波动之间的关联性，也称为“协同效应”。

（二）资产组合收益的来源

资产组合的收益主要来源于两个方面：一是资产本身的增值，二是资产之间的相互影响。

（1）资产本身的增值。这是资产组合收益的主要来源之一。不同资产的增值潜力各不相同，取决于多种因素，如市场供求关系、宏观经济状况、行业发展趋势以及资产的内在价值等。投资者通过持有具有较高增值潜力的资产，可以获得较高的回报。

（2）资产之间的相互影响。除了资产本身的增值外，不同资产之间的价格波动也可能产生相互影响。这种相互影响通常被称为“协同效应”。当某些资产的价格波动趋于一致时，它们之间的相互影响就会增强，从而对整个资产组合的价值产生影响。这种相互影响有助于提高资产组合的总体收益。

二、影响资产组合收益的因素

（一）市场环境

市场环境是影响资产组合收益的关键因素之一。在经济增长强劲的市场环境下，股票和房地产等高风险资产的收益率通常较高；而在经济衰退的市场环境下，低风险资产的收益率相对稳定，如债券和现金。

（二）投资期限

投资期限的长短也会影响资产组合的收益。长期投资通常面临更大的价格波动风险，但也有可能获得更高的平均收益率作为补偿。相反，短期投资通常更注重流动性和安全性，收益率相对较低。

（三）多元化程度

多元化投资可以通过分散风险来提高资产组合的稳定性。然而，过度的多元化可能导致投资组合的总体收益率降低。投资者需要在风险和收益之间找到合适的平衡点。

（四）风险管理技术

采用先进的风险管理技术，如对冲策略和衍生品，可以帮助投资者降低特定资产的风险，但同时也可能增加交易成本和降低流动性。在制定资产组合策略时，投资者需要权衡风险管理技术的成本和收益。

（五）宏观经济因素

宏观经济因素如通货膨胀、利率、汇率等对资产组合的收益有显著影响。例如，高通货膨胀率可能降低固定收益资产的吸引力，而利率上升可能增加债券价格的波动性。投资者需要对宏观经济因素进行深入研究和分析，以制定合理的资产组合策略。

（六）特定资产的特征

不同资产类别的风险与收益特性各不相同。投资者需要根据自身的风险承受能力和投资目标选择合适的资产类别和投资工具。例如，股票通常具有较高的潜在收益，但波动性也较大；而债券通常提供稳定的收益，但增长潜力有限。

（七）投资者行为与心理因素

投资者的行为和心理因素也会影响资产组合的收益。例如，过度自信或贪婪可能导致投资者在市场过热时过度投资，从而增加风险暴露。相反，恐惧或保守可能导致投资者在市场下跌时过早卖出，从而错失机会。

（八）信息质量与处理能力

信息的质量和处理能力也是影响资产组合收益的重要因素。高质量的信息来源和分析工具可以帮助投资者更好地评估资产的内在价值，从而做出更明智的投资决策。相反，低质量或误导性的信息可能导致投资者做出错误的决策。

（九）交易成本与执行效率

交易成本和执行效率也是影响资产组合收益的重要因素。高昂的交易成本或低效的执行可能降低投资者的收益或增加不必要的风险。因此，投资者需要选择合适的交易平台和执行策略，以降低交易成本和提高执行效率。

（十）风险管理框架与策略

采用科学的风险管理框架和策略是降低资产组合风险的关键。通过识别和管理不同类型的风险敞口，投资者可以更好地平衡风险和收益的关系，实现长期稳定的投资回报。

（十一）适应性调整

随着市场环境的变化和投资者目标的调整，资产组合的配置也应适时调整以保持适应性。过于僵化或过于频繁的调整都可能影响资产组合的整体表现。因此，投资者需要定期评估和调整其资产组合策略，以确保其与当前的市场环境和自身的目标保持一致。

（十二）投资哲学与方法论

每个投资者都有自己的投资哲学和方法论，这深刻影响着资产组合的构建和风险管理策略。

三、资产组合风险的性质和来源

（一）资产组合风险的性质

资产组合的风险是指资产组合的收益不确定性和可能的损失。它是投资者在投资过程中必须面对的一个重要问题。资产组合风险具有以下性质：

1. 客观性

资产组合风险是客观存在的，不受人的意志影响。市场价格波动、宏观经济环境、政治事件等因素都可能引发资产组合风险。

2. 不确定性

资产组合风险的产生和影响程度是不确定的，投资者难以准确预测。不同资产的风险敞口、市场走势等因素都可能影响资产组合的最终收益。

3. 可测量性

尽管资产组合风险具有不确定性，但投资者可以通过对历史数据进行分析、采取风险管理措施等方法来衡量和评估资产组合的风险水平。

4. 可管理性

通过采取科学的风险管理策略和技术手段，投资者可以降低资产组合的风险水平，提高投资收益的稳定性。

（二）资产组合风险的来源

资产组合风险的来源主要包括以下几个方面：

1. 市场风险

市场风险是指由于市场价格波动引起的资产组合价值损失的风险。市场风险通常包括利率风险、汇率风险和股票价格风险等。这些风险主要受到宏观经济因素和市场走势的影响。

2. 信用风险

信用风险是指借款人或债务人违约的可能性，导致资产组合遭受损失。信用风险的来源可以是外部借款人、交易对手方或者债券发行方等。

3. 流动性风险

流动性风险是指资产组合在变现过程中可能遭受的损失。由于市场流动性不足或者交易对手方缺乏足够的资金，投资者可能无法以期望的价格出售资产，导致损失。

4. 操作风险

操作风险是指由于内部流程、人为错误或系统故障等因素引起的风险。操作风险的来源包括交易执行失误、合规问题、法律风险等。

5. 政治风险

政治风险是指由于政治事件、政策变化、国际关系等因素引起的风险。政治风险可能导致资产组合的价值损失或收益的不确定性。

四、资产组合风险的度量

度量资产组合风险的目的是评估潜在损失的程度，并为风险管理提供依据。以下是常见的几种度量方法：

（1）方差与标准差。方差是用来衡量资产组合收益偏离其期望值的程度，标准差则是方差的平方根。标准差越大，说明资产组合的波动性越大，风险也越大。

（2）贝塔系数。贝塔系数是衡量资产组合相对于市场整体波动的敏感度。贝塔系数大于1意味着资产组合的波动性大于市场整体波动，风险较高；贝塔系数小于1则意味着波动性较小，风险较低。

（3）最大回撤。最大回撤是指资产组合在一定时期内从最高点到最低点的最大跌幅。最大回撤越大，说明资产组合的风险越大。

（4）VaR（Value at Risk）。VaR是指在一定置信水平下，某一特定时期内资产组合可能面临的最大损失。VaR是一种常用的风险度量方法，可以帮助投资者了解在正常市场条件下可能遭受的最大损失。

（5）敏感性分析。敏感性分析是通过分析不同因素对资产组合价值的影响程度，评估潜在的风险敞口。投资者可以对利率、汇率、股票价格等敏感性因素进行分析，以评估其对资产组合的影响。

（6）压力测试。压力测试是一种模拟极端市场情况的方法，用以评估资产组合在极端不利情况下的表现和潜在损失。通过模拟不同的极端情景，投资者可以了解资产组合的抗压能力并制定相应的风险管理策略。

（7）相关性分析。相关性分析是衡量不同资产之间的价格联动关系，通过分析不同资产之间的相关性，投资者可以评估分散化投资的效果和降低整体风险的程度。

五、降低资产组合风险的策略

（一）多元化投资

通过持有多种不同类型的资产，可以降低资产组合的整体风险。不同资产类别的价格波动可以相互抵消，降低整个组合的波动性。

（二）风险分散

通过合理配置不同风险水平的资产，可以降低资产组合的整体风险。投资者可以根据自身的风险承受能力和投资目标选择适合自己的资产配置比例。

（三）风险管理技术

采用先进的风险管理技术可以帮助投资者降低特定资产的风险。例如，对冲策略可以通过采取相反的交易行动来抵消价格波动的影响，降低资产组合的风险。

（四）长期投资

长期投资可以帮助投资者跨越市场的短期波动，从而降低资产组合的风险。通过坚持长期投资策略，投资者可以获得长期稳定的收益回报。

（五）宏观经济分析

通过深入研究和分析宏观经济因素，投资者可以更好地预测市场走势和资产价格波动，从而制定合理的投资策略，降低资产组合的风险。

（六）风险管理框架与策略

建立科学的风险管理框架和策略可以帮助投资者有效地识别和管理风险。通过定期评估和调整风险管理策略，投资者可以确保其资产组合的风险水平与其投资目标和风险承受能力相匹配。

（七）适应性调整

通过及时调整资产组合的配置，投资者可以降低与市场环境不匹配的风险暴露。

（八）投资哲学与方法论

正确的投资哲学和方法论可以帮助投资者在复杂多变的市场环境中保持冷静和理性。通过明确自己的投资目标和风险承受能力，选择适合自己的投资哲学和方法论，并不断完善和发展它们，以适应市场的变化，投资者可以降低资产组合的风险。

第三节　最优资产组合

一、最优资产组合的基本概念

最优资产组合是投资者在特定市场环境下，根据自身的风险承受能力和投资目标，通过配置不同的资产类别和比例，构建出的一个风险和收益相对最优的投资组合。这个组合在理论上应该满足以下两个条件：在相同的收益水平下，具有最小的风险；在相同的风险水平下，具有最大的收益。

在金融理论和实践中，最优资产组合的目标是投资者在满足一定风险水平下最大化其预期收益，或在给定预期收益水平下最小化其风险。这一目标体现了投资者在不确定环境下的理性决策，是现代投资组合理论的核心。

1. 预期收益最大化

投资者进行投资的主要动机是追求更高的收益。在确定最优资产组合时，投资者首先会考虑如何最大化其预期收益。预期收益是投资者对未来一段时间内资产组合平均收益率的预测，通常基于历史数据和市场信息。通过选择适当的资产和配置比例，投资者希望在风险承受能力范围内实现预期收益的最大化。

2. 风险最小化

在追求收益的同时，投资者也关注如何降低投资风险。风险是指投资结果的不确定性，可能导致投资者遭受损失。最小化风险成为最优资产组合目标的重要组成部分。投资者通过分散投资、选择具有稳定收益和较低风险的资产等方式，降低整体投资组合的风险水平。

3. 风险和收益的权衡

最优资产组合的目标体现了风险和收益之间的权衡。在确定最优配置时，投资者需要在不同风险水平的资产之间进行选择，以找到一个在风险和收益之间达到相对最优的平衡点。这一平衡点通常落在有效前沿上，有效前沿是通过数学优化方法找到的一系列风险和收益之间最优平衡的投资组合。

二、最优资产组合的确定方法

（一）马科维茨投资组合理论

马科维茨投资组合理论是现代投资组合理论的奠基之作，为投资者提供了在不确定环境下选择最优资产组合的方法。该理论不仅为投资者提供了量化的资产配置框架，还为金融市场和投资领域的研究奠定了基础。

1. 理论背景与起源

马科维茨的投资组合理论起源于20世纪50年代，当时资本市场逐渐成熟，投资者对于资产配置和风险管理的需求日益增长。马科维茨突破了传统单一资产投资的理念，将投资组合作为一个整体来考虑，通过数学和统计方法来优化其配置。

2. 核心思想与假设

马科维茨投资组合理论的核心思想是在给定风险水平下追求收益的最大化，或在给定收益水平下最小化风险。为了实现这一目标，该理论提出了以下假设和优化方法：

（1）假设：投资者追求收益并厌恶风险；投资者根据资产的预期收益和风险来选择投资组合；投资者是理性的，即他们能够充分理解并处理信息，做出最优决策。

（2）优化方法：马科维茨使用数学中的二次规划方法来描述投资组合的有效前沿，通过构建一个代表预期收益和风险的投资组合的数学模型，运用优化算法求解这一模型，以找到在一定约束条件下（如资金限制、资产数量等）最优的资产配置比例。

3. 投资组合的有效前沿

有效前沿是指在给定风险水平下能够获得最高预期收益的投资组合集合。马科维茨证明了在无限期的投资期限内，通过选择适当的资产配置比例，可以构建出位于有效前沿上的投资组合。这一有效前沿为投资者提供了一个风险和收益之间相对最优的平衡区域。

4. 意义与贡献

马科维茨投资组合理论的意义和贡献主要体现在以下几个方面：

（1）提供量化框架：该理论为投资者提供了一个量化的方法来评估和优化投资组合，使得投资决策更加科学和系统化。

（2）风险管理：通过分散投资降低风险，该理论为投资者提供了有效的风险管理工具。它强调了资产之间的相关性对整个投资组合风险的影响，帮助投资者识别并减少非系统风险。

（3）现代投资组合理论的基础：马科维茨的理论为后续的现代投资组合理论发展奠定了基础，启发了许多学者和研究者对投资策略、资产定价等领域的研究。

（4）实际应用价值：尽管该理论起源于学术研究，但它在实践中得到了广泛应用。许多金融机构、投资者和个人在制定投资策略时都会参考马科维茨的理论，以指导资产配置和风险管理。

（二）资本资产定价模型

资本资产定价模型是金融经济学中的重要理论之一，用于描述和预测资产的风险与预期收益之间的关系。该模型提供了一种框架，帮助投资者理解资产价格的决定因素，并评估特定资产或投资组合的风险和预期收益。

1. 起源与背景

资本资产定价模型由美国学者威廉·夏普等人在20世纪60年代提出，是现代金融理论的重要组成部分。该模型旨在解释资本成本，即投资者为了获得所需回报而要求的最低预期收益。

2. 核心内容

（1）贝塔系数：资本资产定价模型的核心概念是贝塔系数，它衡量了资产收益率相对于市场收益率的敏感度。如果某资产的贝塔系数较高，意味着当市场收益率发生变化时，该资产的收益率也容易出现较大的波动。投资者可以通过调整贝塔系数来评估和管理投资组合的风险。

（2）无风险利率与风险溢价：资本资产定价模型，无风险利率是指投资者可以无风险地获取的收益，而风险溢价则代表投资者为了获得更高的收益而承担额外风险的补偿。资本资产定价模型曲线描述了在一定风险水平下，投资者要求的预期收益与无风险利率之间的关系。

（3）资本市场线与证券市场线：资本市场线描述了不同风险水平的资产或投资组合的预期收益与无风险利率之间的关系。证券市场线则进一步引入了贝塔系数，用以解释不同资产的预期收益与其风险之间的关系。

3. 意义与贡献

资本资产定价模型为投资者提供了理解和评估投资风险与预期收益的工具：

（1）评估资产风险：通过计算资产的贝塔系数，投资者可以了解该资产的风险水平，并与市场整体风险进行比较。这有助于投资者做出更明智的投资决策。

（2）预测预期收益：基于资本资产定价模型，投资者可以预测在不同风险水平下资产的预期收益。这对于制定投资策略和进行资产配置至关重要。

（3）优化投资组合：通过调整投资组合中不同资产的权重，投资者可以找到在一定风险水平下能够获得最高预期收益的配置方案。这有助于实现投资目标并降低风险。

（4）指导资本预算和公司战略：企业可以利用资本资产定价模型来评估项目的风险和预期收益，从而制定更合理的资本预算和公司战略。

（三）套利定价理论

套利定价理论是现代金融学中的一种资产定价模型，旨在描述资产价格与市场因素之间的关系。与资本资产定价模型不同，套利定价理论不假设资产收益率仅受单一风险因素的影响，而是认为资产价格由多个因素共同决定。

1. 背景与起源

套利定价理论由美国经济学家费雪·布莱克、迈伦·斯科尔斯和罗伯特·默顿等人在20世纪70年代提出。该理论基于无套利原则，即在一个有效的市场中，无法通过买卖资产获取无风险利润。

2. 核心思想与假设条件

（1）核心思想：套利定价理论认为资产价格由一组因素（或因子）决定，这些因素共同决定了资产的风险和预期收益。当市场达到均衡时，任何两种相似的资产或投资组合的超额收益应当相等，除非存在套利机会。

（2）假设条件：与资本资产定价模型类似，套利定价理论也有其假设条件。这些假设包括市场有效性、投资者理性、无交易成本等。但与资本资产定价模型不同的是，套利定价理论不假设所有投资者对风险的看法一致，也不假设投资者对风险的偏好是线性的。

3. 模型构建与解法

（1）多因子模型：套利定价理论采用多因子模型来描述资产价格与市场因素之间的关系。这些因子可以是市场风险、行业风险、规模风险等。通过设定特定的因子和相应的参数，可以构建多因子模型来描述资产收益率与这些因子的关系。

（2）无套利原则：套利定价理论的核心是无套利原则。根据这一原则，如果市场中存在套利机会，即两个相似的资产或投资组合具有不同的超额收益，那么市场力量将促使这些资产或投资组合的价格调整，直至超额收益相等。

（3）参数估计：为了应用套利定价理论，需要估计模型的参数。常用的方法包括最小二乘法、极大似然法等统计估计方法。这些方法基于历史数据来估计参数，并假定未来市场环境与历史数据相似。

4. 意义与贡献

（1）多因素解释：套利定价理论提供了一种框架，用以解释资产价格的多因素决定。它克服了资本资产定价模型中单一风险因素的局限性，更好地捕捉了现实中影响资产价格的多种因素。

（2）无套利原则的应用：无套利原则是套利定价理论的核心思想，它为资产定价提供了理论基础。通过应用无套利原则，投资者可以评估和比较不同资产或投资组合的风险和预期收益。

（3）对市场有效性的支持：套利定价理论基于市场有效性假设，认为市场会自我纠正并消除套利机会。这为市场有效性的观点提供了支持。

（4）为投资策略提供指导：基于套利定价理论，投资者可以构建多因子模型来描述特定资产或投资组合的风险和预期收益，从而制定更合理的投资策略和资产配置方案。

（四）随机占优理论

随机占优理论是金融经济学中的一个重要概念，用于评估不同投资策略或资产组合的风险和预期收益之间的相对优劣。它提供了一种方法，用于比较不同投资组合的性能，尤其是在不确定的环境中。

1. 背景与起源

随机占优理论起源于20世纪中叶，随着金融市场的不断发展和投资组合理论的完善，投资者需要一种有效的方法来评估和比较不同投资策略的风险和收益。这一理论为投资者提供了一种量化的工具，以在不确定的市场环境中做出更明智的决策。

2. 核心思想与概念

（1）风险与预期收益的权衡：随机占优理论的核心思想是在风险与预期收益之间找到平衡。投资者通常面临两种类型的风险：系统风险（市场风险）和非系统风险（特定资产或投资组合的风险）。通过分散投资，可以降低非系统风险，但同时也会面临系统风险。

（2）随机占优的概念：随机占优是指一种投资策略在风险水平上优于另一种策略。具体来说，如果一个投资策略在所有可能的未来市场环境下，预期收益都不低于另一个策略，且至少在一个环境下优于另一个策略，那么我们可以说这个策略随机占优另一个策略。

（3）多期随机占优：除了单期随机占优外，还有多期随机占优的概念。它考虑了时间序列数据，即不同时间点的历史数据，以评估投资策略的性能。多期随机占优有助于投资者理解长期投资策略的性能和风险。

3. 应用与实例

随机占优理论在投资领域有广泛的应用：

（1）资产配置：投资者可以使用随机占优理论来比较不同资产或投资组合的风险和预期收益，从而优化资产配置。例如，他们可以根据历史数据计算不同资产或投资组合的预期收益和风险，然后使用随机占优理论来选择最佳的资产配置方案。

（2）投资策略评估：通过比较不同投资策略的随机占优关系，投资者可以评估其投资策略的性能。这有助于投资者识别有效的投资策略，并改进或调整其投资策略以降低风险和提高预期收益。

（3）风险管理：随机占优理论也可用于风险管理。通过比较不同风险管理策略的随机占优关系，投资者可以评估其风险管理策略的有效性，并采取更有效的措施来降低风险。

（4）市场趋势判断：根据市场环境的变化，投资者可以使用随机占优理论来预测市场趋势和未来的风险水平。例如，如果某一投资策略在过去的市场环境下表现出良好的性能，并且相对于其他策略具有随机优势，那么投资者可以认为该策略在未来可能继续表现出良好的性能。

三、最优资产组合在实际投资中的应用

（一）个人投资者的应用

随着金融市场的日益复杂和投资工具的多样化，个人投资者在决定如何配置资产时面临着越来越多的选择。在这些情境下，理解并应用最优资产组合的概念变得尤为重要。

1. 确定投资目标和风险承受能力

在构建最优资产组合时，首先需要明确投资目标，例如短期内的现金增值或长期的财富积累。同时，评估个人的风险承受能力是关键，因为不同的人对风险的容忍度存在差异。一些投资者可能更愿意承担较高的风险以追求更高的收益，而另一些投资者可能更倾向于保守的投资策略。

2. 多元化投资

多元化是构建最优资产组合的核心原则之一。通过将资金分配到不同的资产类别（如股票、债券、现金和商品等）和不同的市场，投资者可以降低单一资产的风险。这种分散投资的方法有助于平衡收益波动，并在市场环境发生变化时保持投资组合的整体稳定性。

3. 使用现代投资组合理论

现代投资组合理论（如马科维茨投资组合理论和夏普比率）为投资者提供了构建最优资产组合的定量工具。这些理论可以帮助投资者确定在给定风险水平下的最优资产配置，从而实现预期的投资目标。通过使用这些理论，个人投资者可以更科学地配置资产，并优化其投资组合的绩效。

4. 定期调整投资组合

市场环境是不断变化的，因此投资者需要定期调整其投资组合以适应新的市场条件。这包括重新评估个人的风险承受能力、目标和投资期限，以及根据需要进行资产再平衡。通过定期调整投资组合，投资者可以确保其资产组合与最优配置保持一致，从而降低风险并提高潜在收益。

5. 考虑专业投资建议

对于许多个人投资者而言，寻求专业的投资建议可能有助于更好地构建和调整资产组合。财务顾问或投资经理具备丰富的经验和专业知识，可以帮助投资者理解市场动态、评估风险并提供个性化的投资建议。在做出重大投资决策之前，与专业人士进行咨询和讨论通常是一个明智的选择。

（二）机构投资者的应用

机构投资者，如养老基金、保险公司和共同基金等，与个人投资者相比，具有不同的投资目标和约束条件。他们通常管理着大量的资金，因此需要更加专业和系统的方法来构建最

优资产组合。

1. 明确投资目标和期限

机构投资者通常具有长期的投资目标，如养老金计划是为了在未来几十年内提供退休收入，而保险公司则需要确保长期的负债匹配。因此，确定明确的投资目标和期限是至关重要的第一步。这有助于机构投资者明确其风险承受能力、回报要求和风险管理需求。

2. 进行资产配置决策

资产配置是构建最优资产组合的核心环节。机构投资者需要决定在不同资产类别（如股票、债券、现金和另类投资）之间的资金分配。这需要基于对市场环境的深入分析和预期，考虑风险和回报之间的平衡。现代投资组合理论为机构投资者提供了定量工具，如马科维茨投资组合理论和风险平价方法，以确定最优资产配置。

3. 风险管理

由于机构投资者通常管理着大量的资金，因此风险管理至关重要。他们需要建立完善的风险管理体系，包括识别、测量和监控投资组合的风险。这包括市场风险、信用风险和流动性风险等。机构投资者通常使用各种风险测量工具和技术，如VaR（在险价值）和压力测试，来评估不同市场环境下投资组合的风险暴露。

4. 投资策略的制定与实施

机构投资者通常会制定具体的投资策略来指导其资产配置和风险管理。这些策略可能包括股票选择、债券评级、行业配置和地区分散化等。机构投资者需要确保其投资策略与整体的投资目标和风险承受能力相一致。在实施投资策略时，他们需要建立有效的决策流程，并确保投资团队具备足够的专业能力和经验。

5. 持续监控与调整

由于市场环境是不断变化的，机构投资者需要持续监控其投资组合的表现和风险状况。这包括定期评估投资组合的有效性、重新调整资产配置以及采取必要的风险管理措施。此外，机构投资者还需要考虑宏观经济因素、政策变化和市场趋势等因素对投资组合的影响，并灵活地进行调整。

6. 外包与合作

为了提高效率和专业化水平，许多机构投资者选择将某些投资活动外包给专业的投资管理公司或咨询机构。通过合作，机构投资者可以借助外部专家的知识和经验来优化其资产组合。此外，与其他金融机构或投资者的合作也可能带来协同效应和资源共享的机会。

（三）投资组合业绩评估与调整

投资组合业绩评估与调整是投资过程中的关键环节，涉及对投资组合实际表现的度量、分析和调整。这一过程对于投资者至关重要，因为它提供了有关投资策略有效性和市场环境变化的重要反馈。

1. 业绩评估的重要性

业绩评估是评估投资组合策略成功与否的定量方法。通过对投资组合的收益、风险和回撤等关键指标进行定期评估，投资者可以了解其策略在不同市场环境下的表现。这不仅有助于投资者评估其投资策略是否达到预定目标，还为其提供了改进和调整策略的依据。

2. 常用业绩评估指标

（1）收益率：评估投资组合在特定时期内的总收益，通常表示为年化收益率。

（2）波动率：衡量投资组合收益的不稳定性，即风险。高波动率通常意味着高风险。

（3）夏普比率：衡量单位风险下的超额回报率，即投资组合每承担一单位风险所获得的额外回报。

（4）最大回撤：衡量投资组合在特定时期内从峰值到谷值的最大下跌幅度，反映了投资策略在极端市场条件下的稳健性。

3. 业绩归因分析

业绩归因分析是投资组合管理中至关重要的环节，它旨在深入理解投资组合收益的来源，从而为投资者提供关于其投资策略有效性和未来改进方向的洞察。

1）背景与重要性

随着金融市场日趋复杂和多样，投资者所面对的投资选择和风险也越来越多样化。在这样的环境下，仅仅关注投资组合的总收益是不够的。为了更好地理解和管理投资组合，投资者需要了解收益的具体来源，这就是业绩归因分析的用武之地。

2）核心概念与技术

第一，资产配置归因分析。这种分析方法旨在确定资产配置决策对投资组合整体表现的贡献。通过比较不同资产类别的权重变化与投资组合整体收益的关系，投资者可以了解资产配置决策是否有效地影响了投资组合的业绩。

第二，证券选择归因分析。这一方法专注于单个证券的选择对投资组合整体表现的贡献。它考察投资者在特定资产类别内选定的证券相对于该类别中其他证券的表现，以确定证券选择的准确性。

第三，时序归因分析。这种分析方法考察投资组合在不同时间点的配置效果，以理解市场时机选择对投资组合的影响。通过比较不同时间点上投资组合的配置和相应的市场表现，投资者可以评估其对市场时机的把握能力。

第四，多因子归因分析。这种方法更进一步，将投资组合的业绩分解为多个因子（如市场、规模、价值等）的贡献。通过这种方式，投资者可以更全面地了解其投资策略在不同因子上的表现。

3）应用与实例

在实际应用中，业绩归因分析不仅可以帮助投资者理解其过去的投资策略的有效性，还可以为未来的决策提供指导。例如，如果一个投资者发现其投资组合在过去一年的表现主要得益于某一特定行业的证券选择，那么他可能会决定在未来更加关注这个行业。

业绩归因分析是评估和改进投资策略的关键工具。通过深入了解投资组合收益的来源，投资者可以更好地理解其策略的有效性，识别潜在的风险和机会，并据此调整其投资策略。在日益复杂的金融市场中，这种分析方法对于提高投资者的决策效率和实现更好的投资结果具有不可替代的作用。

4. 投资组合调整

基于业绩评估和归因分析的结果，投资者可能需要对其投资组合进行调整。这些调整可能包括：

（1）资产配置调整：重新平衡投资组合中的资产类别权重，以匹配新的风险-回报目标或市场环境。

（2）证券选择调整：替换表现不佳的证券，增加具有更高增长潜力或更低风险的证券。

（3）风险管理策略调整：采用新的风险管理工具或策略，如对冲策略或止损机制，以降低投资组合的风险敞口。

（4）投资策略更新：根据市场趋势和投资者需求的变化，更新或引入新的投资策略，如ESG（环境、社会和治理）投资策略或因子投资策略等。

5. 持续监控与定期评估

投资组合的调整并非一劳永逸的过程，而是需要持续监控和定期评估。市场环境、投资者目标和约束条件的变化都可能导致投资组合的实际表现偏离预期。因此，投资者应建立定期评估和监控的机制，以及时识别并应对潜在问题。

投资组合业绩评估与调整是一个综合性的过程，涉及对投资组合表现的定量评估、归因分析和必要的调整措施。通过这一过程，投资者可以确保其投资策略与目标和市场环境保持一致，从而实现长期的投资成功。在日益复杂和多变的市场环境中，持续、系统和科学的业绩评估与调整对于投资者的长期成功至关重要。

第四节 考虑无风险资产的最优资产组合

一、无风险资产的基本概念

（一）无风险资产的定义

在金融学中，无风险资产通常是指一种投资，其回报率是确定的并且不受市场波动的影响。这种资产通常被认为是无风险的，因为其价值不会因为市场环境的变化而发生大幅度波动。无风险资产的一个典型例子是政府债券，因为它通常由强大的中央政府担保，违约风险相对较低。

无风险资产的一个重要特性是，其预期回报率通常低于其他风险较高的资产，如股票或房地产。这是因为投资者在选择接受较低的回报率时，以降低风险为代价。这种特性使得无风险资产成为投资者构建投资组合时的关键组成部分，因为它为投资组合提供了稳定的收益基础，并帮助平衡其他可能带来更高回报但风险也更高的投资。

在实际应用中，确定一种资产是否为无风险并不总是直接的。真正的无风险资产在现实中几乎是不存在的，因为即使是政府债券也可能受到政治和经济因素的影响。然而，在理论和实践中，我们通常会选择某些被认为风险非常低的资产作为无风险资产的代表。这些通常是高度流动性的、低风险的金融工具，如主要货币市场的存款或短期债券。

无风险资产为投资者提供了一种稳定的收益来源，并在构建投资组合时作为其他风险资产的基准。了解无风险资产的定义和特性对于投资者进行有效的资产配置和风险管理至关重要。

（二）无风险资产的特点

在金融投资领域，无风险资产是一种特殊的资产类别，其特点与其他风险资产形成鲜明对比。准确理解和掌握无风险资产的特点，对于理解投资组合的构建原则和资产定价理论至关重要。

1. 确定性收益

无风险资产最显著的特点是其收益的确定性。与风险资产不同，无风险资产的回报率不是通过市场交易获得的，而是由特定的外部机构，如政府或大型金融机构承诺并保证的。这意味着投资者在持有无风险资产期间可以获得稳定的、预期的回报，不受市场波动的影响。这种确定性在不确定性较高的金融市场中极具吸引力。

2. 低或无风险

无风险资产的最大特点就是其低风险或无风险属性。由于其收益来源于稳定的现金流或是政府的信誉担保，无风险资产的价格通常不会出现大幅波动。这意味着投资者在持有无风险资产期间，其价值不会因为市场环境的变化而面临显著的贬值风险。这与股票等风险资产的价格波动形成鲜明对比。

3. 高度流动性

无风险资产通常具有高度的流动性，这意味着它们容易转换为现金，且转换成本相对较低。例如，政府债券通常可以在任何时候以接近面值的价格出售。这种流动性使得无风险资产在需要现金时可以迅速转换为现金，而不会对资产价值造成太大影响。

4. 市场接受度高

由于无风险资产通常由政府或大型金融机构发行，其市场接受度较高。投资者对这类资产的信任度高，使得无风险资产在金融市场中占有重要地位。它们不仅是投资者进行投资组合的基础，也是金融机构进行流动性管理和风险管理的重要工具。

5. 税收优势

在一些国家，政府为鼓励投资者购买无风险资产，可能会为这类资产提供税收优惠。例如，一些国家允许对购买和持有无风险资产的利息收入免税或减税，这进一步增加了无风险资产的吸引力。

6. 限制与条件

尽管无风险资产提供了诸多优点，但也有其局限性和条件。例如，收益率相对较低是无风险资产的一个显著特点。此外，某些类型的无风险资产可能存在购买和持有的最低限额，或是只能在特定市场条件下购买等限制。

（三）无风险资产的投资策略

在金融投资领域，无风险资产通常被视为投资组合的基础组成部分。了解和掌握无风险资产的投资策略有助于投资者更有效地管理风险和实现预期的收益目标。

1. 配置原则

（1）基础配置：无风险资产在投资组合中通常被视为提供基础收益的资产类别。通过配置一定比例的无风险资产，投资者可以确保投资组合获得稳定的现金流。

（2）风险对冲：在构建投资组合时，无风险资产通常被视为对冲其他风险资产价格波动的工具。通过合理配置无风险资产，投资者可以在市场波动较大时保持投资组合的稳定性。

2. 选择依据

（1）信用评级：在选择无风险资产时，信用评级是一个重要的考量因素。投资者通常会选择信用评级较高的无风险资产，以确保其投资的安全性。

（2）流动性：资产的流动性也是投资者在选择无风险资产时需要考虑的因素。高流动性的无风险资产意味着投资者可以更快速地买入或卖出而不影响市场价格。

（3）税收考虑：某些国家可能对无风险资产的收益实行税收优惠政策。投资者在选择无风险资产时，应考虑这些税收因素，以优化税务负担。

3. 动态调整

（1）市场环境变化：随着市场环境的变化，无风险资产的收益率可能会发生变化。投资者应根据市场情况适时调整无风险资产的配置比例。

（2）投资目标调整：投资者的投资目标也会影响无风险资产的配置。例如，对于长期投资者而言，配置一定比例的无风险资产可以作为未来现金流的来源。

4. 实际操作建议

（1）分散投资：在配置无风险资产时，投资者应考虑分散投资以降低单一资产的风险。通过分散投资，投资者可以降低整体投资组合的风险。

（2）定期评估与调整：投资者应定期评估投资组合的表现和市场环境的变化，并根据评估结果适时调整无风险资产的配置比例。

（3）与其他资产协同配置：在配置无风险资产的同时，投资者还应考虑与其他风险资产进行协同配置，以实现投资组合的多元化和风险的分散化。

无风险资产作为一种重要的投资工具，在构建和调整投资组合中发挥着不可替代的作用。通过掌握无风险资产的投资策略，投资者可以更有效地管理风险并实现预期的收益目标。未来随着金融市场的不断发展和演变，无风险资产的投资策略也可能会发生变化。投资者应密切关注市场动态，并根据实际情况调整投资策略以适应市场变化。同时，深入研究无风险资产的特点和规律也将有助于推动金融理论与实践的不断进步。

二、考虑无风险资产的最优资产组合模型

（一）无风险资产对最优资产组合的影响

在金融投资领域，无风险资产因其独特的特性和风险属性，对投资者构建最优资产组合具有重要影响。无风险资产通常被视为提供稳定收益的基础资产，其配置比例直接关系到投资组合的整体风险和预期回报。

1. 降低投资组合风险

无风险资产的一个显著特点是其低风险或无风险属性。通过将部分资金配置到无风险资产中，投资者可以降低投资组合的整体风险。这是因为无风险资产能够提供稳定的收益，并在一定程度上对冲其他风险资产的价格波动。合理配置无风险资产能够使投资组合更加稳健，减少市场波动对投资组合的影响。

2. 提供现金流

无风险资产通常能够提供稳定的现金流，这对于投资者来说具有重要意义。通过将一部分资金配置到无风险资产中，投资者可以获得定期的利息收入或本金回报。这种现金流可以用于满足投资者的日常开支或作为再投资资金，有助于实现投资组合的长期增值目标。

3. 优化投资组合配置

在构建最优资产组合时，投资者需要综合考虑不同资产的收益、风险和相关性。无风险资产作为一种独立的资产类别，与其他风险资产之间存在一定的相关性差异。通过合理配置无风险资产，投资者可以调整投资组合的整体风险和回报特性，以适应不同的投资目标和风险承受能力。

4. 增强投资组合多样性

无风险资产与风险资产在收益和风险方面存在差异。通过配置无风险资产，投资者可以在投资组合中增加多样性，降低单一资产或资产类别的风险暴露。这种多样性可以降低投资组合的整体波动性，提高风险调整后的收益水平。

5. 实际操作中的权衡

虽然无风险资产对最优资产组合具有重要的积极影响，但投资者在配置无风险资产时还需考虑一些实际因素。例如，无风险资产的收益率相对较低，配置过多可能导致投资组合的总体收益水平降低。此外，无风险资产的流动性可能与投资者的资金需求不完全匹配。因此，投资者在构建最优资产组合时，需要综合考虑各种因素，权衡无风险资产的配置比例和潜在收益。

6. 动态调整与适应性

随着市场环境的变化和投资者目标的调整，最优资产组合的配置也需要进行动态调整。对于无风险资产的配置，投资者需要关注市场利率的变化以及可供选择的替代品的风险和收益特性。通过定期评估和调整无风险资产的配置比例，投资者可以保持投资组合的适应性和有效性。

（二）引入无风险资产的资产组合模型构建

在金融投资领域，资产组合模型用于描述投资者如何通过配置不同资产来平衡风险和预期收益。无风险资产作为一种特殊的资产类别，在资产组合模型中扮演着重要的角色。引入无风险资产的资产组合模型对于实现投资目标至关重要。

1. 传统资产组合模型

在传统的资产组合模型中，投资者通常面临着一个权衡风险与收益的问题。他们通过配置不同类型的风险资产（如股票和债券）来最大化预期收益，同时最小化投资组合的整体风险。马科维茨投资组合理论是这一领域的经典模型。

2. 无风险资产在资产组合中的作用

无风险资产在资产组合模型中具有特殊的作用。首先，无风险资产通常被视为提供稳定收益的基础，可以为投资组合提供现金流或作为未来支出的资金来源。其次，无风险资产可以作为其他风险资产的“对冲”工具，降低投资组合的整体风险。最后，无风险资产还可以作为连接短期和长期投资目标的桥梁，帮助投资者实现财务规划目标。

3. 引入无风险资产的资产组合模型构建步骤

（1）确定投资目标：在构建引入无风险资产的资产组合模型之前，投资者需要明确自己的投资目标。这些目标可以是长期的财富增值、退休规划或短期的现金流需求等。

（2）评估风险承受能力：了解投资者的风险承受能力是构建模型的关键步骤。通过评估投资者对风险的容忍程度，可以确定投资组合中无风险资产和其他风险资产的合适比例。

（3）选择合适的无风险资产：在选择无风险资产时，投资者需要考虑其信用评级、流动性和税收特性等因素。国债通常被视为理想的无风险资产，因为它由政府担保，违约风险低，且具有相对较高的流动性。

（4）确定无风险资产的配置比例：根据投资目标和风险承受能力，投资者需要确定无风险资产在投资组合中的配置比例。这一比例可以根据市场环境和投资者需求进行调整。

（5）优化投资组合：在确定了无风险资产的配置比例后，投资者需要使用适当的优化方法来选择其他风险资产并确定其在投资组合中的比例。这可以通过使用现代投资组合理论或相关的优化算法来完成。

（6）评估与调整：投资者需要定期评估投资组合的表现和市场环境的变化，并根据评估结果适时调整无风险资产和其他风险资产的配置比例，以保持投资组合的有效性。

4. 实证分析与应用

为了验证引入无风险资产的资产组合模型的可行性和有效性，可以进行实证分析。通过模拟不同市场条件下的投资组合表现，投资者可以评估模型的预测能力和稳健性。此外，投资者还可以使用历史数据来检验模型的绩效指标，如夏普比率和最大回撤等。

5. 实践建议

引入无风险资产的资产组合模型构建是一个复杂的过程，需要综合考虑投资目标、风险承受能力和市场环境等因素。通过合理配置无风险资产和其他风险资产，投资者可以平衡投资组合的风险和预期收益，实现长期财务目标。为了优化投资组合的绩效，建议投资者保持对市场动态的关注，并定期进行投资组合的重新平衡和调整。

随着金融市场的不断发展和创新，新的无风险资产种类和投资工具将不断涌现。因此，投资者在构建引入无风险资产的资产组合模型时，应保持开放的心态，积极探索新的投资机会和策略。此外，借助现代技术和量化分析工具，投资者可以更精确地评估市场风险和预测未来走势，从而更好地实现投资目标。

（三）模型参数的确定与优化

1. 确定模型参数

在构建引入无风险资产的资产组合模型时，参数的选择与设定对于模型的准确性和有效性至关重要。这些参数涉及投资目标、风险承受能力、无风险利率、市场风险溢价和时间跨度等方面。

1）投资目标

投资目标是资产组合模型的首要参数。它决定了投资者希望通过资产配置实现的目标，如财富增值、退休规划或短期现金流需求。明确投资目标有助于确定无风险资产和其他风险资产的配置比例，以及投资组合的总体风险水平。

2）风险承受能力

风险承受能力是评估投资者对风险的容忍程度的参数。了解投资者的风险承受能力有助于确定无风险资产和风险资产之间的配置平衡。投资者可以根据自己的风险承受能力调整无风险资产的比例，以实现预期的收益目标和风险控制。

3）无风险利率

无风险利率是衡量资金成本的重要参数。在资产组合模型中，无风险利率用于计算无风险资产的收益。投资者可以根据无风险利率来评估投资组合的潜在收益，并与其他风险资产的收益进行比较。无风险利率通常以国债收益率作为参考。

4）市场风险溢价

市场风险溢价是投资者为了获得额外收益而承担市场风险的补偿。在资产组合模型中，市场风险溢价用于评估风险资产的潜在回报。投资者可以根据市场风险溢价调整风险资产的配置比例，以实现预期的收益目标。市场风险溢价的确定需要考虑市场环境和历史数据等因素。

5）时间跨度

时间跨度是资产组合模型的重要参数之一，它决定了投资组合的长期表现和调整频率。时间跨度的选择应与投资目标和市场环境相匹配。较长期的投资组合可以更好地抵御短期市场波动，但需要更长时间来实现预期收益。较短的时间跨度适用于对市场变化较为敏感的投资者，但可能面临更大的波动性。

6）其他参数

除了上述核心参数外，资产组合模型还可以考虑其他相关参数，如投资者的年龄、财务状况、投资期限等。这些参数可以作为调整和优化模型的重要参考因素，以更好地满足投资者的个性化需求。

在设定这些参数时，建议投资者进行充分的市场调研和数据分析，以确保参数的合理性和准确性。同时，随着市场环境和投资者需求的变化，资产组合模型的参数也需要进行相应的调整和更新，以保持模型的有效性。

2. 模型参数的优化

资产组合理论的核心在于如何根据投资者目标和市场环境对资产进行有效的配置。在引入无风险资产的资产组合模型中，参数的优化更是关键，因为它直接影响到投资组合的风险和预期收益。

1）无风险资产比例的优化

无风险资产通常被视为提供稳定收益的基础。但其比例的设定需要谨慎考虑。过高的无风险资产比例可能会导致投资组合的整体收益较低，不能满足投资者的收益目标；而比例过低则可能增加投资组合的风险，超过投资者的风险承受能力。因此，需要根据投资者的具体目标和风险承受能力找到一个合适的平衡点。

2）风险溢价的权衡

风险溢价是投资者为了获取更高的收益而愿意承担的风险补偿。在引入无风险资产的资产组合模型中，风险溢价的权衡是一个重要的参数优化问题。投资者需要根据自己的风险承受能力和对收益的需求，合理设定风险溢价，以实现投资组合的高效配置。

3）时间跨度的考虑

时间跨度是资产组合管理的重要因素。短期投资组合可能更注重流动性和风险的即时控制，而长期投资组合则更注重资产的长期增值和保值。因此，在引入无风险资产的资产组合模型中，应根据投资者的投资期限和目标，合理设定时间跨度，以实现投资组合的最佳表现。

4）动态调整与再平衡

市场环境和投资者目标可能会随时间发生变化。因此，引入无风险资产的资产组合模型应具备动态调整的能力。投资者应根据市场状况和自身需求的变化，定期或不定期地对模型参数进行优化和再平衡，以确保投资组合始终处于最佳状态。

5）借助先进技术进行优化

随着科技的发展，有许多高级工具和算法可以帮助投资者更好地优化资产组合模型的参数。例如，遗传算法、模拟退火算法、粒子群优化等都可以用于寻找最优的资产配置比例。通过这些技术，投资者可以在更短的时间内得到更精确的优化结果。

6）考虑其他相关因素

除了上述因素外，还有其他一些相关因素也需要考虑。例如，税收状况、投资者偏好、交易成本等都可能对资产组合模型的参数优化产生影响。因此，在实际操作中，投资者需要综合考虑各种因素，以得到最优的参数配置。

思考与练习

1. 资产组合选择有怎样的意义？资产组合选择的策略有哪些？
2. 什么是资产组合收益？什么是资产组合风险？
3. 资产组合收益和风险的影响因素有哪些？
4. 最优资产组合的理论有哪些？
5. 构建无风险资产的最优资产组合模型应考虑哪些因素？

第六章 金融衍生市场投资分析

第一节　远期合约分析

一、远期合约的基本概念与特点

（一）远期合约的概念

远期合约作为金融衍生品中的一种重要工具，在国内外市场中得到了广泛的应用。它为交易双方提供了一种锁定未来价格、规避价格风险的机制。

远期合约为买卖双方提供了一种在未来某一确定日期按照约定价格交割某种资产的方式。这种资产可以是商品、外汇或金融资产，如股票、债券或指数等。远期合约的买卖双方在合约签订时，约定好未来交割的标的物、价格、时间和地点等要素。

（二）远期合约的特点

1. 未来交割的特性

远期合约的最大特点在于其交割时间是在未来确定的日期。这种特性使得交易双方可以根据各自的需求和计划，灵活地选择交割时间和地点。这种灵活性使得远期合约能够更好地满足各种实际需求，如生产商、贸易商和投资者对风险管理、价格锁定等方面的需求。

2. 非标准化的特性

远期合约的另一个重要特点是其非标准化。与在交易所交易的标准化期货合约不同，远期合约的条款和规格可以由交易双方协商确定。这使得远期合约具有更大的灵活性和定制性，可以根据特定的需求和条件进行设计和交易。然而，这种非标准化也带来了监管和执行方面的挑战，需要更加谨慎的风险管理和法律合规操作。

3. 场外交易的特性

远期合约通常在场外市场进行交易，即通过双边协议的方式达成交易。这种交易方式具有更大的自主性和保密性，但同时也带来了更高的信用风险和流动性风险。因此，对于场外交易的远期合约，交易双方需要更加谨慎地评估对方的信用和实力，以降低潜在的风险。

4. 低交易成本的特性

相对于交易所交易的标准化期货合约，远期合约的交易成本通常较低。这主要是因为远期合约是场外交易，没有交易所的中间环节和费用。然而，低交易成本也带来了更高的风险和不确定性，需要交易双方更加谨慎地评估和管理风险。

远期合约的这些特点使其在金融市场中具有广泛的应用价值。未来，随着金融市场的不断发展和创新，远期合约市场也将面临新的机遇和挑战。为了更好地发挥远期合约的作用，需要进一步规范市场运作、加强监管、提高市场透明度和可及性等方面的工作。同时，随着科技的发展和应用，数字化和智能化的远期合约也将成为未来的发展趋势，这将进一步提高市场的效率和可操作性。

二、远期合约的定价与交易策略

（一）远期合约的定价原理

远期合约作为金融衍生品的重要组成部分，其定价原理涉及多个因素，包括标的资产的价格、利率、交割时间等。

1. 远期合约定价的基本假设

（1）无套利原则：在有效的市场中，投资者无法通过套利获取无风险利润。这一原则是远期合约定价的基础。

（2）市场有效性：市场价格反映所有可获得的信息，即市场是有效的。这意味着当前价格已充分反映了所有未来预期和历史信息。

（3）无摩擦市场：即市场不存在交易成本、税费和其他阻碍交易的因素。

2. 远期合约的定价模型

（1）基础定价模型：远期合约的定价通常基于无套利原则，通过比较标的资产在远期合约到期时的价格与在即期市场的价格，来确定远期合约的价格。

（2）考虑利率变动的模型：在实际市场中，利率可能会发生变化，影响远期合约的价格。因此，需要引入动态的利率模型，如Vasicek模型、Cox-Ingersoll-Ross模型等，以更准确地预测远期价格。

（3）考虑红利的模型：如果标的资产在交割前发放红利，则需要将红利纳入定价模型中。红利的支付会影响标的资产的价格和远期合约的价格。

3. 影响远期合约价格的因素

（1）标的资产价格：标的资产的价格是决定远期合约价格的重要因素。一般来说，标的资产价格上涨，远期合约的价格也会相应上涨。

（2）利率：利率的变化会影响远期合约的价格。如果市场预期利率下降，则远期合约的价格通常会上涨。

（3）交割时间：交割时间也是影响远期合约价格的重要因素。一般来说，交割时间越长，远期合约的价格越高。

（4）波动性：标的资产的波动性也会影响远期合约的价格。波动性越大，意味着未来价格的不确定性越高，从而影响远期合约的定价。

（5）市场供需关系：市场对远期合约的需求和供应也会影响其价格。如果需求大于供应，则价格会上涨；反之则会下跌。

远期合约的定价原理是建立在无套利原则和市场有效性假设基础上的。通过合理的定价模型和考虑相关影响因素，可以较为准确地预测远期合约的价格。然而，实际操作中还需考虑市场摩擦、交易成本等因素对定价的影响。随着金融市场的不断发展，远期合约的定价原理和方法也将面临新的挑战和机遇。例如，随着大数据和人工智能技术的应用，对市场数据的分析和处理能力将得到提升，有助于更准确地预测和评估远期合约的价格风险。同时，新的金融产品和交易方式的涌现也将对远期合约的定价原理提出新的要求和挑战。因此，需要不断更新和完善远期合约的定价理论和方法，以适应市场的变化和发展。

（二）远期合约的交易策略

远期合约的交易策略是投资者和企业在风险管理、资产配置和投机等方面进行决策的关键。

1. 套期保值策略

套期保值是远期合约交易中最常见的策略之一。通过在现货市场和远期市场进行相反的操作，投资者或企业可以锁定未来的成本或收益，规避价格波动的风险。例如，某生产商担心未来原材料价格上涨，可以提前在远期市场卖出原材料的远期合约，从而将成本固定在一定水平。这种策略可以有效地减少价格波动对经营业绩的影响。

2. 投机策略

除了套期保值外，远期合约也可以用于投机操作。投机者根据对未来市场的走势预测，买入或卖出远期合约赚取盈利。这种策略的关键在于对市场走势的准确判断，以及控制风险的能力。投机操作需谨慎，因为远期市场的价格波动可能带来较大的风险。

3. 套利策略

套利是指利用不同市场或不同品种的价格差异，同时买入低价的资产和卖出高价的资产，从中获利。在远期市场中，套利机会可能出现在不同期限的远期合约之间、不同地区的远期市场之间，或者是远期合约与现货市场之间。通过发现并利用这些价格差异，投资者可以获得无风险的利润。

4. 资产配置策略

远期合约作为一种金融衍生品，可以作为投资组合的一部分进行资产配置。投资者可以根据自身的风险偏好和投资目标，将资金分配到不同的资产类别中。通过配置远期合约，可以增加投资组合的多样性和灵活性，以实现风险分散和收益优化的目标。

（三）套期保值与对冲策略

在金融衍生品领域中，套期保值与对冲策略是两个核心概念，用于管理风险、降低潜在损失并保障资产价值。

1. 套期保值策略

套期保值是一种风险管理策略，其目的是减少或消除与未来特定交易或资产相关的价格变动风险。通过在期货或远期市场进行反向操作，套期保值者能够中和或抵消未来某一时间点的潜在价格变动，从而锁定一个预期的收益或成本。这种策略在农业、能源和金融等行业尤为常见，因为这些行业的价格波动可能导致巨大的经营风险。

学术理论中，最经典的套期保值模型基于这样一个假设：投资者对风险的态度是中性的，即他们不偏好风险或确定性结果。在此框架下，最优套期保值比率被定义为相关资产收益之间的协方差与相关资产预期收益的方差之间的比率。

2. 对冲策略

对冲策略则更为广泛地应用于风险管理，不仅限于期货或远期市场。简单来说，对冲就是采取某些行动或策略来减少风险。这可能包括投资于与原始资产收益负相关的其他资产，或者使用统计方法或模型来预测潜在的风险并采取相应的行动。

学术上，对冲策略可以分为三种主要类型：Delta对冲、Gamma对冲和Theta对冲，分别对应于标的资产价格、波动率和到期时间的变动。Delta对冲是最常见的，它通过调整期货或期权头寸来中和标的资产价格变动带来的风险。Gamma对冲则是针对波动率风险的，而Theta对冲则关注时间流逝所带来的风险。

3. 套期保值与对冲策略的比较与选择

套期保值和对冲虽然有相似之处，但它们的目标和应用范围略有不同。套期保值更侧重于通过特定市场操作消除特定的价格变动风险，而对冲则更注重于整体风险的管理和降低。在选择使用哪种策略时，需要考虑多个因素，包括投资目标、风险承受能力、市场环境和可用的工具。

第二节　期货合约投资分析

一、期货合约的产生与发展

期货合约作为金融衍生品的重要组成部分，其产生与发展经历了漫长而复杂的过程。

（一）背景与原因

期货合约的产生可以追溯到19世纪中叶的美国。当时，由于农产品价格波动大，生产者、贸易商和消费者面临巨大的风险。为了降低这种风险，芝加哥期货交易所应运而生，并推出了最初的农产品期货合约。这些合约基于标准化的规格和交割条款，为买卖双方提供了一个交易的平台。

随着时间的推移，期货合约的种类和规模不断扩大。除了农产品，其他商品、金融产品甚至指数都可通过期货合约进行交易。这背后的原因是多方面的：一是价格发现功能，期货市场有助于形成一个权威的价格，为参与者的决策提供依据；二是风险管理，参与者可以通过套期保值来对冲风险；三是流动性，期货市场通常具有较高的流动性，使得交易更为便捷。

（二）发展历程与影响因素

期货合约的发展经历了多个阶段：从最初的农产品期货，到金融期货、商品期货、外汇期货等，再到21世纪的金融衍生品市场。这一进程中，影响期货合约发展的关键因素包括以下几点：

（1）技术进步。信息技术的发展使得市场参与者能够更快速地获取信息、进行交易和风险管理。

（2）监管政策。政府的政策对期货市场的发展具有重要影响。合适的监管框架能够促进市场的健康发展，而过于严格的监管可能会限制市场的创新和发展。

（3）经济环境。经济环境的变化对期货市场有直接的影响。例如，经济周期的波动、货币政策的变化等都会影响市场的交易量和价格。

（4）国际合作与竞争。在全球化的背景下，各国期货市场的竞争与合作并存，共同推动着期货合约的创新与发展。

（三）未来趋势与挑战

随着科技的飞速发展、全球化的加速和金融市场的不断创新，期货合约的发展前景充满挑战和机遇。一方面，新型的期货产品和服务将不断涌现，以满足投资者日益多样化的需求；另一方面，市场的复杂性和波动性也在增加，对风险管理提出了更高的要求。

期货合约的产生与发展是适应市场需要、技术进步和社会经济环境变化的必然结果。未来，随着市场环境和技术的进一步发展，期货合约将继续发挥其在价格发现、风险管理等方面的核心作用，为参与者提供更多的选择和机会。同时，如何应对日益复杂的市场环境和风险挑战，将是期货市场发展面临的重要课题。

二、期货合约的基本功能

一般而言，期货合约的基本功能有如下三种：

（一）风险管理功能

现货价格风险是商品生产经营者在生产过程中不可避免地会遇到的风险。即无论价格向哪个方向变动，总会使一部分商品生产经营者遭受损失。期货市场的基本功能之一就是风险管理（risk management）的功能，具体表现为：利用商品期货管理价格风险；利用外汇期货管理汇率风险；利用利率期货管理利率风险；利用股指期货管理股票市场系统性风险。在某些特定的假设前提下，期货交易可以使风险在具有不同风险偏好的投资者之间进行转移和再分配，并将这些风险分配给那些最具有承受能力而又最愿意承担风险的投资者，从而稳定现货市场的价格波动。

（二）价格发现功能

在市场经济条件下，价格是根据市场供求状况形成的。期货市场上来自四面八方的交易者带来了大量的供求信息，标准化合约的转让又增加了市场流动性，期货市场中形成的价格能真实地反映供求状况，同时又为现货市场提供了参考价格，起到了“价格发现”（price discovering）的功能。

研究表明，期货市场的交易者具有更好的信息，因此能将经济运行状况的信息传递给现货市场的交易者。在期货交易中，投机者为了能在交易中获利，必须努力寻找和评估有关期货的价格信息。由于期货市场上存在着这样一批专业化于信息收集和分析的投机者，使得期货市场的信息利用效率大大提高。他们在交易的过程中频繁地根据新获得的信息进行买卖交易，这些交易行为本身将各种基础金融产品所内含信息的变化、市场参与者对新信息的判断以及他们对基础金融产品未来价格变化趋势的预测，通过各自的交易行为传递给市场，由于市场的高度可竞争性以及交易者为了获利而进行的信息搜寻活动，使期货产品的价格能够及时、准确地反映基础金融产品所包含的信息的变化，交易者也将迅速调整自己的资产组合，使得期货的价格能够更好地反映未来市场利率的变化。这些调整资产组合的行动（基础金融产品市场）以及现货和期货市场的套利活动将对现货市场产生影响，使得现货市场的价格能够更好地反映其内在价值。

（三）投机功能

期货市场的一个主要经济功能是为生产、加工和经营者等提供价格风险转移工具。要实现这一目的，就必须有人愿意承担风险并提供风险资金。扮演这一角色的就是投机者。投机者是期货市场的重要组成部分，是期货市场必不可少的润滑剂。投机交易增强了市场的流动性，承担了套期保值交易转移的风险，是期货市场正常运营的保证。如果没有这些风险承担者，只要套期保值者参与期货交易，那么只有在买入套期保值者和卖出期货保值者的交易数量完全相符时，交易才能成立，风险才能得以转移。但从实际来看，买入套期保值者和卖出期货保值者之间的不平衡是经常发生的。投机者的加入恰好能抵消这种不平衡，促使套期保值交易活动得以实现。因此，可以这样说，正是因为有投机者参与，套期行为才能顺利进行，而使期货市场具有投机（speculation）功能。

第三节　期权合约投资分析

一、期权的基本概念

（一）期权的定义

期权的萌芽形式已有几百年的历史。较早的期权交易主要是用于实物商品、房地产和贵金属业务，都是现货期权。20世纪20年代，美国出现了股票的期权交易，但由于它带着较为浓厚的投机色彩而不为多数人所接受。全美范围内标准化的期权合约是从1973年芝加哥期权交易所的看涨期权交易开始的。随后，期权产品在全球范围内获得了超常的发展，拥有巨大的交易量。

所谓期权（options），又称选择权，是指赋予期权购买者在规定期限内按双方约定的价格[简称协议价格（striking price）或执行价格（exercise price）]购买或出售一定数量的某种金融资产[又称为标的资产（underlying financial assets）]的权利的合同。

那么，这种金融衍生工具与远期和期货合约有何本质不同？其实，远期和期货合约有一个共同的特点，即买方和卖方的盈利和亏损的机会均等，该交易的预期价值为零。买方只是简单地与卖方签订了一份有约束力的协议，他们达成一致，但没有支付任何费用：市场价格是对合同双方都有利的价格。

期权则不同，它允许买方从市场的一种变动中受益，但市场朝相反方向运动时也不会遭受损失。这意味着期权的买方和卖方获利与损失的机会不是均等的。期权的多头获得了好处而没有任何坏处，获得了一种权利而不是义务，买方为获得这种权利而支付一定费用是合理的；同样，对于只会遭受损失或者只能获得期权费的卖方而言，收取一定费用也是合理的。因此，期权和之前所述的金融衍生产品的不同之处是它的损益的不对称性，以及买方需要事先交付一笔费用给卖方。

（二）期权合约要素

从上面关于期权的定义中，我们可以看出，期权合约的要素主要有以下几类：

1. 期权的买方

期权的买方（purchaser of an option）就是购买期权的一方，即支付费用从而获得权利的一方，也称期权的多头（long position）。

2. 期权的卖方

期权的卖方（writer of an option）就是出售期权的一方，即获得费用因而承担着在规定的时间内履行该期权合约义务的一方，也称期权的空头（short position）。

3. 执行价格

执行价格（exercise price）又称协议价格（striking price），是指期权合约所规定的、期权卖方在行使权利时所实际执行的价格。这一价格一旦确定，则在期权有效期内，无论期权标的物的市场价格上升到什么程度抑或下降到什么程度，只要期权买方要求执行期权，期权卖方就必须以执行价格履行他的相应的义务。

在金融期权交易中，交易所内交易的合约的执行价格是由交易所根据标的资产的价格变化趋势确定的；场外交易的执行价格则由交易双方商定。

4. 期权费

期权费（option premium）是指期权买方为获取期权合约所赋予的权利而向期权卖方支付的费用。这一费用一旦支付，则不管期权购买者是否执行期权均不予退回。它是期权合约中唯一的变量，大小取决于期权合约的性质、到期月份和执行价格等。对于卖方而言，它是期权的报酬；对于买方而言，它是买入期权所遭受损失的最高限度。期权费是交易双方在交易所内竞价形成的。

在金融期权交易中，期权费的决定是一个既重要又复杂的问题。因此，区分期权费和执行价格是十分重要的。执行价格指的是期权合约中标的资产的价格；而期权费则是期权合约的价格，更确切地说，是期权合约所赋予的权利的价格。

5. 到期日

到期日（expiration date）是指期权合约必须履行的时间，它是期权合约的终点。

二、期权合约的分类

（一）按标的资产分类

1. 股票期权

这种期权的标的资产是单只股票。持有股票期权的投资者拥有在未来的某一特定时间，以约定的价格购买或出售特定数量的股票的权利。股票期权常被用于风险管理和对冲策略，或者作为投资工具来获得赚取收益的机会。

2. 期货期权

期货期权的标的资产是期货合约。与股票期权类似，但期货期权涉及的是期货合约，而非单一的股票。期货期权为持有者提供了赚取收益和进行风险管理的机会，尤其在商品和金融期货市场中应用广泛。

3. 指数期权

指数期权的标的资产是一个股票指数，如S&P 500或道琼斯工业平均指数。这些期权的价值与相应指数的表现紧密相关。投资者通过购买指数期权，可以获得赚取收益的机会，同时也可以用于对冲策略或作为风险管理工具。

4. 外汇期权

外汇期权的标的资产是另一种货币。持有外汇期权的投资者在未来某一时间有权按照约定的汇率兑换另一种货币。外汇期权常被用于汇率风险管理和投机策略。

5. 商品期权

商品期权的标的资产是商品，如黄金、原油等。这些期权的价值与商品市场的价格变动密切相关。商品期权常被用于风险管理、投机和套利策略。

（二）按行使权利分类

1. 看涨期权

看涨期权（call options）赋予持有者在未来的某一时间以特定价格购买标的资产的权利。如果市场价格高于行权价格，持有者将行使权利并从中获利。看涨期权常被用于投机或对冲策略，以赚取收益或锁定未来的购买成本。

2. 看跌期权

看跌期权（put options）赋予持有者在未来的某一时间以特定价格出售标的资产的权利。如果市场价格低于行权价格，持有者将行使权利并从中获利。看跌期权常被用于投机或对冲策略，以赚取收益或锁定未来的销售收入。

（三）按交易方式分类

1. 欧式期权

欧式期权只能在到期日行使权利。这种期权不能提前行权，只能在到期日选择是否行权。

2. 美式期权

美式期权可以在到期日或到期日之前的任何时间行使权利。持有者可以根据市场情况灵活选择行权的时间点，这使得美式期权的价格通常比欧式期权的价格要高。

（四）按交易场所分类

1. 场内期权

场内期权在交易所交易，其交易条款和条件是标准化的。交易所提供了集中交易的平台，使得买卖双方可以方便地进行交易。场内期权的交易量通常较大，流动性较好。

2. 场外期权

场外期权在交易所之外交易，其条款可以根据双方的具体需求进行定制。由于缺乏标准化和集中交易的平台，场外期权的交易量相对较小，流动性也较差。然而，场外期权的灵活性使得投资者可以根据特定的需求进行交易。

（五）按行权时间分类

1. 长期期权

长期期权的行权时间较长，通常超过一年。长期期权常被用于长期投资和风险管理策略，因为持有者有足够的时间来等待市场的变化以实现收益或对冲风险。

2. 短期期权

短期期权的行权时间较短，通常在几个月或几周内。短期期权常被用于短期的投机或风险管理策略，因为持有者希望在较短的时间内实现收益或对冲风险。

三、期权的定价

期权的定价是金融衍生品领域中的核心问题之一，它涉及确定期权在某一特定时间点的公平价值。

（一）期权定价的基本原理

期权定价的基本原理基于无套利原则，即在一个有效的市场中，不能通过无风险的方式获取超额收益。这一原则是期权定价理论的核心，为确定期权的公平价值提供了基础。

学术性详细分析如下：

1. 无套利原则

无套利原则是期权定价理论的基础。它指出，在一个有效的市场中，投资者无法通过购买或出售衍生品和基础资产来创造无风险利润。换句话说，如果市场是有效的，任何套利的可能性都会被迅速消除。这一原则对于确定期权的公平价值至关重要，因为它意味着期权的价值应当与其成本相等，否则就存在套利机会。

2. 期权价格的确定

根据无套利原则，可以通过比较期权的未来现金流来确定其当前价值。对于欧式期权，由于其不能提前行权，只能等到到期日才能行使权利，因此其当前价值可以通过折现未来现金流的方法计算得出。而对于美式期权，由于可以在到期日前任何时间行权，因此其当前价值需要考虑时间价值和其他不确定性因素。

3. 期权定价模型的应用

期权定价模型的应用非常广泛，可以用于各种不同类型的期权定价。例如，二叉树模型和布莱克-舒尔斯模型等可以用于计算欧式期权的价格；蒙特卡洛模拟和有限差分模型等可以用于计算美式期权的价格。这些模型的应用范围不仅限于金融衍生品领域，还可以扩展到其他领域，如保险、精算和风险管理等领域。

（二）主要的期权定价模型

1. 二叉树模型

这是一个离散时间的定价模型，假设资产价格只有两种可能的变化路径（上涨或下跌），然后通过逐步回溯模拟资产价格的演变，最终确定期权的价值。

2. 布莱克-舒尔斯模型

这是著名的连续时间期权定价模型，基于一系列假设（如资产价格的随机游走、风险中性世界等），使用微分方程和随机过程理论来推导期权的价值公式。

3. 蒙特卡洛模拟

这是一种基于概率的随机过程模型，通过模拟资产价格的随机变动和期权收益的变动，计算期权的预期收益，并据此估计期权的价值。

4. 有限差分模型

与二叉树模型类似，但使用连续时间框架，通过求解偏微分方程来估计期权的价值。

（三）期权定价的影响因素

1. 标的资产价格

标的资产价格是决定期权价值的主要因素之一。在其他条件不变的情况下，标的资产价格越高，看涨期权的价格也越高。

2. 行权价格

行权价格是决定期权收益的关键因素。行权价格越高，看涨期权的收益就越低，因此其价值也就越低。相反，看跌期权的价值与行权价格呈负相关关系。

3. 剩余到期时间

对于欧式期权，剩余到期时间是影响其价值的重要因素。随着到期日的临近，期权的时间价值逐渐减少。

4. 波动率

波动率是衡量标的资产价格变动不确定性的指标。在其他条件不变的情况下，波动率越高，期权的价格也越高。这是因为高波动率意味着标的资产价格变动的可能性更大，从而增加了期权获得收益的机会。

5. 无风险利率

对于欧式看涨期权和美式看涨期权，无风险利率是一个重要的影响因素。在其他条件不变的情况下，无风险利率越高，看涨期权的价格也越高。

6. 股息收益率

如果标的资产在到期前支付股息或分红，这将减少标的资产的价值。因此，在其他条件不变的情况下，股息收益率越高，看涨期权的价格越低。

（四）期权定价的实证研究与挑战

尽管存在多种定价模型，但在实际应用中仍面临一些挑战和限制。例如，布莱克-舒尔斯模型假设的严格条件可能与现实市场不完全相符；蒙特卡洛模拟虽然可以模拟更复杂的资产价格变动，但其精度和可靠性取决于样本大小和模拟次数；有限差分模型在处理高维问题时可能面临数值稳定性和收敛性的问题。因此，实证研究对于检验和改进定价模型的准确性至关重要。

第四节　互换合约投资分析

一、互换合约的概念

互换合约是一种金融衍生合约，其涉及两个或多个交易对手之间的现金流交换。具体来说，互换合约是一种协议，其中一方同意在未来的某个时间点向另一方支付一定金额，而另一方则同意支付等值金额给对方。这种交换可以基于多种资产类别，如利率、货币或商品等。

学术性详细分析如下：

（一）互换合约的种类

1. 利率互换

利率互换是最常见的互换类型。在这种互换中，一方同意支付基于固定利率的现金流，而另一方则支付基于浮动利率的现金流。这种互换通常用于管理利率风险。

2. 货币互换

货币互换涉及不同货币之间的交换。一方同意支付本币，而另一方则支付另一种货币。这种互换通常用于管理汇率风险或获取另一种货币的融资成本。

3. 商品互换

商品互换涉及实物商品（如能源、金属等）的交换。一方同意接收特定商品，而另一方则支付等值的现金。这种互换通常用于满足特定商品需求或对冲商品价格风险。

4. 其他互换

还有其他一些互换类型，如股票互换、信用违约互换等，这些互换基于特定的资产类别或风险因素。

（二）互换合约的用途

1. 风险管理

互换合约用于管理各种风险，如利率风险、汇率风险和商品价格风险等。通过互换，机构可以转移或对冲特定风险，以减少其整体风险敞口。

2. 资产组合优化

通过互换，机构可以调整其资产组合的组成和风险特性，以实现更优的回报和风险平衡。

3. 融资

货币互换通常用于获取另一种货币的融资成本，从而降低融资成本或满足特定的融资需求。

4. 投资策略

机构可以利用互换和其他金融工具进行投资策略的构建，如套利策略、套期保值策略等。

二、互换合约的交易机制

（一）互换合约的交易形式

互换合约的交易最初以场外交易形式为主。在这种形式下，交易双方直接进行谈判，达成协议，并依据合同条款在未来进行现金流交换。场外交易具有较大的灵活性，可以满足各种特定的交易需求，但同时也存在较高的信用风险和信息不对称问题。

随着市场的发展，出现了中央对手方交易机制。这种机制通过引入第三方中央对手方作为结算对手，降低了交易对手方的信用风险。中央对手方在交易双方之间起到担保和中介的作用，确保合约履行的公正性。

（二）互换合约的市场结构

1. 市场规模与参与者

互换合约市场规模庞大，涉及的参与者众多，包括商业银行、投资银行、保险公司、养老基金等各类金融机构，以及部分非金融企业。这些参与者根据自身需求进行互换交易，以实现风险管理、资产配置等目的。

2. 交易中介与平台

除了直接交易外，许多互换合约通过交易所或电子交易平台进行交易。这些平台提供了集中交易、信息披露、清算结算等服务，提高了市场的透明度和流动性。

3. 监管框架

互换合约市场受到各国监管机构的严格监管。监管框架主要关注市场透明度、风险管理、资本充足率等方面，以确保市场的公平、效率和稳定。

三、互换合约的定价与估值

这里介绍的互换定价主要是利率互换和货币互换的定价问题。所谓互换定价，是指寻找使互换初始价值为零的固定利率，并称这一固定利率为互换利率，即在合约的净现值为零的前提下求未知的固定息票率。如果假设没有违约风险，我们可以把互换合约看成一个债券组合或一系列远期利率协议的组合。例如，对于息票利率互换的一方而言，每次都在固定日期支付固定利息，获得浮动利息，这可看成发行一个固定利率的债券，然后再把发行债券收入投资到具有同样到期日的浮动利率债券上。故利率互换可分解成一个债券的多头与另一个债券的空头来定价。

所谓互换估值，是指在互换期内某时刻根据确定的固定利率计算该时刻互换的净现值。

在给互换和其他柜台交易市场上的金融工具定价时，合约中的现金流通常采用LIBOR零息票利率贴现。这是因为LIBOR反映了金融机构的资金成本。

（一）利率互换的估值及定价

利率互换作为一种重要的金融衍生品，在资本市场中扮演着重要的角色。其估值及定价的准确性对于投资者和管理者来说至关重要。

1. 利率互换的估值及定价原理

在利率互换中，双方交换基于不同利率的利息支付。通常，一方支付固定利率，而另一方支付浮动利率。这种利率的交换使得双方都能获得他们需要的现金流特性。因此，利率互换的估值及定价需要综合考虑未来现金流的预测、利率曲线的构建以及风险溢价的估计等因素。

2. 利率互换的估值及定价方法

（1）现值模型：现值模型是利率互换估值及定价的基本方法之一。该模型通过折现未来现金流来计算互换的当前价值。现金流的预测基于对未来利率走势的判断以及对互换条款的理解。常用的现值模型包括简约模型和结构模型。

（2）方差互换模型：方差互换模型是一种基于方差交换的利率互换定价方法。该模型通过比较不同货币市场证券的收益率和波动率来估计互换的预期收益和风险。该模型假设利率波动率是常数，但实际中波动率可能会随着时间和利率水平的变化而变化。

（3）蒙特卡洛模拟：蒙特卡洛模拟是一种基于概率的随机过程模型，用于计算互换的预期收益和风险。通过模拟利率的随机变动，可以得到一系列可能的未来情景，并根据这些情景计算互换的预期收益。蒙特卡洛模拟能够处理非线性衍生品定价问题，但需要大量的模拟次数才能获得准确的定价结果。

（4）校准技术：校准技术是一种将市场价格与模型预测相结合的定价方法。该方法通过调整模型的参数或假设，使得模型的预测结果与市场价格相匹配。校准技术可以应用于各种类型的利率互换定价，包括固定利率互换、浮动利率互换等。

3. 利率互换的估值及定价的实际应用与挑战

（1）数据可获得性：准确的数据是进行利率互换估值及定价的关键因素之一。然而，在实际应用中，数据的可获得性可能受到限制，尤其是在新兴市场或流动性较差的市场中。这可能导致模型预测的不准确性和误差。

（2）利率模型的选取：在利率互换的估值及定价过程中，选择合适的利率模型至关重要。不同的利率模型会导致不同的利率曲线和互换的公平价值。因此，选择合适的利率模型需要充分考虑模型的假设、精度和适用范围。

（3）信用风险溢价：在利率互换中，信用风险溢价是需要考虑的重要因素之一。对于有信用风险的互换，参与者需要根据对手方的信用状况和评级等因素来评估信用风险溢价，并将其纳入定价模型中。然而，信用风险溢价的确定具有一定的主观性和不确定性。

（4）市场环境的变化：市场环境的变化对利率互换的估值及定价具有重要影响。例如，市场流动性、交易对手方的风险偏好和资本充足率等因素都会影响互换的价格。因此，在估值及定价过程中需要充分考虑市场环境的变化，并及时调整策略以适应市场动态。

（5）模型风险：使用数学模型进行利率互换的估值及定价涉及模型风险。模型风险主要源于模型的假设、参数和结构等方面的缺陷或不确定性。为了降低模型风险，需要对模型的适用范围和限制有充分了解，并在实际应用中结合市场情况和经验进行修正和调整。

（二）货币互换的估值及定价

货币互换作为一种重要的金融衍生品，为参与者提供了规避汇率风险和获取不同货币利率的机会。

1. 货币互换的估值及定价原理

货币互换的估值及定价主要基于无套利原则，即在一个有效的市场中，不能通过无风险的方式获取超额收益。根据这一原则，货币互换的公平价值应与其成本相等，即未来现金流的折现值。在货币互换中，双方交换不同货币的利息支付，这种交换使得双方都能获得他们需要的现金流特性。因此，货币互换的估值及定价需要综合考虑未来现金流的预测、汇率走势的判断以及风险溢价的估计等因素。

2. 货币互换的估值及定价方法

货币互换的估值及定价方法多种多样，每种方法都有其特定的适用范围和局限性。在实际应用中，应根据具体情况选择合适的方法，并结合多种因素进行综合分析和评估，以获得准确的估值结果。同时，随着金融市场的不断发展和变化，新的方法和模型也不断涌现，需要不断关注和研究相关领域的最新进展和研究成果。

1）现值模型

现值模型是货币互换估值及定价的基本方法之一。该模型通过折现未来现金流来计算互换的当前价值。现金流的预测基于对未来汇率走势的判断以及对互换条款的理解。在货币互换中，一方支付固定利率的另一种货币，另一方支付浮动利率的本币。这种利率的交换使得双方都能获得他们需要的现金流特性。因此，货币互换的公平价值应与其成本相等，即未来现金流的折现值。

2）校准技术

校准技术是一种将市场价格与模型预测相结合的定价方法。校准技术可以应用于各种类型的货币互换定价，包括固定汇率互换、浮动汇率互换等。

3）风险调整后的收益法

风险调整后的收益法是一种基于风险调整后的收益率来评估货币互换的方法。该方法考虑了货币互换的风险因素，通过将风险调整后的收益率纳入估值模型中，以更准确地评估货币互换的公平价值。该方法通常考虑利率风险、汇率风险和信用风险等因素，并根据风险大小对互换的收益进行相应的调整。

4）持续期法

持续期法是一种基于固定收益证券的持续期概念来评估货币互换的方法。持续期是指固定收益证券价格对利率变化的敏感性，通过计算货币互换的持续期，可以评估其对利率变化的敏感性。该方法通常用于评估货币互换的利率风险敞口和潜在的资本损失。

5）隐含波动率法

隐含波动率法是一种基于市场隐含波动率来评估货币互换的方法。隐含波动率是指根据市场价格反推出的波动率，通过比较隐含波动率与历史波动率的大小关系，可以评估货币互换的潜在风险和回报。该方法通常用于评估货币互换的汇率风险和期权风险。

思考与练习

1. 什么是远期合约？具有怎样的特点？
2. 期货合约具有哪些功能？
3. 期权的定义是什么？分为哪些种类？
4. 互换合约的用途主要有哪些？
5. 互换合约的定价和估值主要采用哪些方法？

第七章 证券投资基金

第一节 证券投资基金概述

一、证券投资基金的定义与分类

（一）证券投资基金定义

证券投资基金，简称基金，是一种金融工具，旨在集合投资者的资金进行有价证券的投资。这一投资方式的核心在于将众多投资者的资金汇集起来，形成规模效应，并交由专业的投资管理机构进行运作。证券投资基金的出现为投资者提供了一种专业、高效的投资渠道，其定义如下：

首先，证券投资基金的本质是一种集合投资。不同于传统的投资者直接投资于证券市场的方式，证券投资基金将众多投资者的资金汇集起来，形成一个资金池。这种集合投资的方式能够降低单个投资者的投资风险，因为风险的分散性使得每个投资者只需要承担其投资额对应的那一部分风险，而不需要承受整个投资组合的风险。

其次，证券投资基金的管理高度专业化。基金的资金由专业的投资管理机构进行运作，这些机构通常拥有丰富的投资经验和资源，能够为投资者提供专业的投资建议和决策支持。这些专业机构会根据市场状况和基金的投资目标，对投资组合进行动态调整，以实现资产的最优配置。

再者，证券投资基金的投资策略具有多样性。基金可以根据不同的投资目标、市场环境和投资者需求制定不同的投资策略。例如，有的基金追求资本的长期增值，有的基金则更注重稳定的现金流入。同时，基金的投资组合也可以包括股票、债券、现金等多种资产类别，这种多元化投资策略可以在一定程度上降低单一资产的风险。

此外，证券投资基金的运作具有透明性。基金通常会定期公布其投资组合和运作情况，使得投资者可以了解基金的投资策略、风险状况和收益情况。这种透明性有助于增强投资者对基金的信任和信心。

证券投资基金是一种集合投资工具，通过汇集众多投资者的资金进行有价证券的投资。它具有分散风险、专业管理、多样策略和透明运作等特点。证券投资基金为投资者提供了一种专业、高效的投资渠道，使得投资者能够更加便捷地参与到证券市场的投资中来。同时，证券投资基金也有助于促进金融市场的繁荣和发展。

（二）证券投资基金的分类

证券投资基金是金融市场的重要组成部分，其分类对于理解各类基金的特点和适用范围至关重要。根据不同的标准，证券投资基金可以有多种分类方式。

1. 根据组织形式分类

（1）公司型基金：以公司形式设立，投资者购买公司股份成为股东，公司通过运营实现股东利益最大化。公司型基金具有相对完善的公司治理结构，投资者拥有更多的参与决策权。

（2）契约型基金：也称为信托型基金，是由基金管理人、托管人和投资者之间通过契约形式建立的。契约型基金的治理结构相对简单，投资者较少参与决策。

2. 根据投资目标分类

（1）成长型基金：主要关注企业的未来成长潜力，通过投资于成长性较强的公司实现资本增值。成长型基金通常不重视短期的盈利，而是将重点放在公司的长期价值上。

（2）收入型基金：主要追求稳定的现金流入，通过投资于高股息、高债息的公司实现收益。这种类型的基金通常更注重资产的安全性和现金流的稳定性。

（3）平衡型基金：在成长和收入之间寻求平衡，既关注公司的未来成长，也重视当前的收益。平衡型基金会根据市场环境和投资者需求调整成长和收入的投资比例。

3. 根据投资对象分类

（1）股票型基金：主要投资于股票市场，通过购买和持有股票实现收益。股票型基金的风险和收益水平较高，适合风险承受能力较强的投资者。

（2）债券型基金：主要投资于债券市场，通过购买和持有债券实现收益。债券型基金的风险和收益水平相对较低，适合风险承受能力较弱的投资者。

（3）混合型基金：同时投资于股票和债券市场，旨在通过分散投资降低风险。混合型基金的风险和收益水平介于股票型基金和债券型基金之间。

4. 根据运作方式分类

（1）开放式基金：基金规模可变，投资者可以随时申购或赎回基金份额。开放式基金的价格由市场供求关系决定，不同于封闭式基金，其交易价格与净值可能存在偏差。

（2）封闭式基金：基金规模固定，投资者不能随时申购或赎回基金份额。封闭式基金的价格主要由二级市场交易决定，与开放式基金相比，其交易价格与净值之间的偏差可能较小。

5. 根据投资策略分类

（1）主动型基金：通过主动管理寻求超越市场表现的基金。主动型基金会积极调整投资组合，以实现其投资目标。

（2）被动型基金：也称为指数基金，其投资策略基于特定的指数（如股票指数或债券指数），通过复制该指数的表现实现收益。被动型基金通常不进行主动的调整，而是通过长期持有指数成分证券来跟踪指数表现。

二、证券投资基金的发展历程

（一）证券投资基金的起源与发展

证券投资基金作为金融市场的重要工具，其起源和发展经历了漫长而复杂的过程。随着全球经济的发展和金融市场的演变，证券投资基金逐渐成为投资者进行证券投资的重要手段。

1. 证券投资基金的起源

证券投资基金的起源可以追溯到19世纪的欧洲。当时，随着工业革命的发展，人们开始积累大量的财富，对于投资的需求也逐渐增加。然而，个人投资者往往缺乏足够的专业知识和经验来应对复杂的投资环境，因此他们需要借助专业的投资机构来进行资产管理。在此背景下，证券投资基金的前身——投资信托公司应运而生。

投资信托公司最初的形式是股份公司，其发行的股票主要面向投资者募集资金，用于购买和管理房地产、证券等资产。与现在的证券投资基金相比，投资信托公司的投资范围更加广泛，并没有特别强调证券投资。然而，这些投资信托公司为后来的证券投资基金提供了基础框架和经验。

2. 证券投资基金的初期发展

20世纪初，随着资本主义经济的迅速发展和证券市场的日益成熟，证券投资基金开始逐渐兴起。1924年，美国成立了第一只真正意义上的证券投资基金——马萨诸塞州投资者信托基金。该基金采用开放式基金的形式，主要投资于股票和债券市场，为投资者提供了一种专业、高效的投资工具。

在此后的几十年中，证券投资基金逐渐成为全球范围内的主流投资工具。各国纷纷成立证券投资基金，其数量和规模不断扩大。与此同时，证券投资基金的投资策略和类型也日益多样化，以满足不同投资者的需求。

3. 现代证券投资基金的发展

进入21世纪后，随着金融市场的全球化和科技的发展，证券投资基金的发展进入了一个新的阶段。首先，全球金融一体化使得各国证券市场之间的联系更加紧密，为证券投资基金提供了更广阔的投资空间。同时，金融创新和监管政策的变革也推动了证券投资基金的创新和发展。

此外，科技的发展也对证券投资基金产生了深远的影响。信息技术和大数据分析的应用使得基金管理更加精准和高效，同时也为投资者提供了更丰富的信息和分析工具。人工智能和机器学习等先进技术的应用也为证券投资基金带来了新的机遇和挑战。

4. 国际视角下的证券投资基金发展

在全球范围内，不同国家和地区的证券投资基金发展情况存在差异。美国是全球最大的证券投资基金市场之一，其基金数量和规模一直处于领先地位。欧洲的证券投资基金市场也较为发达，其中英国、德国和法国等国家的发展较为突出。此外，亚洲的日本和中国的证券投资基金市场也在迅速发展。

不同国家和地区的证券投资基金发展受到当地经济、政治和文化等多种因素的影响。在全球化背景下，各国证券投资基金市场之间的竞争与合作也日益加强。为了保持竞争优势并满足投资者需求，各国证券投资基金市场需要不断进行创新和完善。

证券投资基金的发展经历了从初创到成熟的过程，其功能和特点也不断得到丰富和发展。在全球化和科技发展的推动下，证券投资基金市场将继续呈现出多样化和专业化的趋势。未来，随着金融市场的进一步演变和科技的进步，证券投资基金有望为投资者提供更加丰富和专业的投资工具和服务。同时，各国政府和监管机构也需要继续关注市场发展动态，制定合适的监管政策以保护投资者利益和维护市场稳定。

（二）国际证券投资基金的演变与现状

国际证券投资基金作为一种金融工具，在过去的几十年中经历了快速的发展和演变。随着全球经济一体化的深入，国际证券投资基金在满足投资者全球配置资产的需求、提高市场效率和促进国际金融合作方面发挥了重要作用。

1. 国际证券投资基金的演变历程

国际证券投资基金的演变可以大致划分为三个阶段：萌芽期、发展期和成熟期。

（1）萌芽期：在20世纪50年代至70年代初，国际证券投资基金主要以美国等西方国家的基金为主，投资范围主要集中于欧洲市场。这一时期的国际证券投资基金规模较小，主要服务于跨国公司和少数高净值投资者。其投资策略主要是通过购买和持有外国证券来获取收益，相对简单。

（2）发展期：从20世纪70年代中期到90年代末，随着欧洲共同体的形成和全球经济一体化的加速，国际证券投资基金得到了快速发展。这一时期，欧洲和日本等地的基金市场逐渐成熟，与美国形成了三足鼎立的格局。同时，新兴市场国家的证券投资基金开始崭露头角，吸引了大量国际资本。此外，这一时期国际证券投资基金的投资策略也日趋多样化，从简单的购买和持有发展到包括套利、对冲等多种策略。

（3）成熟期：进入21世纪，国际证券投资基金进一步向多元化和专业化发展。随着全球金融市场的深度融合和金融创新的不断涌现，国际证券投资基金的投资范围和策略更加灵活多样。同时，监管环境的变革和科技进步为国际证券投资基金的发展提供了更多的机遇和挑战。

2. 国际证券投资基金的现状

当前，国际证券投资基金已经形成了多层次、多元化的市场格局。从地域上看，美国、欧洲和亚太地区是全球最大的三个证券投资基金市场。

在投资策略上，国际证券投资基金覆盖了股票、债券、货币等多种资产类别，以及增长、价值、平衡等多种投资策略。其中，被动投资和主动投资是两种主要的投资策略。

此外，国际证券投资基金还面临着监管、汇率风险、市场准入等挑战。各国政府和监管机构对国际证券投资基金的监管政策差异较大，对基金的运作和市场准入造成了一定的影响。同时，汇率波动也是国际证券投资基金需要关注的重要风险之一。

3. 国际证券投资基金的未来趋势

未来，国际证券投资基金将继续向多元化和专业化发展，同时面临着一系列新的机遇和挑战。

（1）市场格局的变化：随着新兴市场国家的崛起和经济全球化的深入，国际证券投资基金的市场格局将发生变化。新兴市场国家的证券投资基金市场将逐渐成为全球重要的力量之一，与发达国家共同主导国际证券投资基金的发展。

（2）科技创新的影响：科技的发展将对国际证券投资基金产生深远的影响。人工智能、大数据、区块链等先进技术的应用将为国际证券投资基金提供更加精准的风险管理和运营支持，同时对传统业务模式和竞争格局带来挑战。

（3）环境社会治理投资的兴起：随着社会对环境保护和公司社会责任的关注度提高，环境社会治理投资逐渐成为国际证券投资基金的重要发展方向之一。越来越多的投资者将关注企业的环境、社会和治理表现，推动资本市场向更加可持续的方向发展。

（4）监管政策的变革：各国政府和监管机构对国际证券投资基金的监管政策将持续调整和完善。加强对基金运作的透明度和合规性的要求、加强对跨境资本流动的管理等将是未来监管政策的重点。同时，加强国际监管合作与协调也是防范金融风险和维护市场稳定的重要方向。

（5）全球资本流动的复杂性：在全球经济一体化的背景下，国际资本流动日益复杂。国际证券投资基金需要关注全球经济形势的变化、各国政策差异以及汇率波动等因素对资本流动的影响，以应对潜在的市场风险和不确定性。

三、证券投资基金的投资策略

证券投资基金作为一种重要的投资工具，其投资策略是决定基金业绩的关键因素之一。

（一）投资策略的定义

证券投资基金的投资策略是指基金管理人在投资过程中所遵循的规则、原则和决策方法。它涉及基金的投资目标、风险控制、资产配置、选股、择时等多个方面，是基金管理人根据市场环境、风险收益特征等因素制定的投资计划和行动指南。

（二）投资策略的分类

根据不同的分类标准，证券投资基金的投资策略可以分为多种类型。以下是常见的分类方式：

1. 主动投资与被动投资

这是根据基金管理人是否主动调整投资组合来划分的。主动投资策略是指基金管理人主动调整组合，以寻求超越市场表现的收益；被动投资策略则通过跟踪指数，力求获得与市场相当的收益。

2. 增长型与价值型

这是根据股票选择策略来划分的。增长型策略关注成长性强、盈利能力高的公司，而价值型策略则更注重低估值、高股息的公司。

3. 全球化投资与地域性投资

全球化投资策略寻求在全球范围内配置资产，以分散地域风险；地域性投资策略则主要关注某一特定地区或国家的市场。

4. 定性与定量策略

定性策略侧重于对公司的基本面分析，如财务状况、行业前景等；定量策略则依赖于数学模型和统计方法进行决策。

5. 长期持有与交易型策略

长期持有策略主张长期持有优质股票，交易型策略则更注重市场波动，通过买卖差价获利。

（三）投资策略的选择与运用

基金管理人在选择投资策略时，需考虑多种因素，如基金的投资目标、风险承受能力、市场环境等。例如：对于风险承受能力较低的投资者，可以选择低风险的固定收益类产品；而对于风险承受能力较高的投资者，可以选择股票型或混合型基金。

在运用投资策略时，基金管理人需要构建合适的投资组合，并不断进行优化调整。他们需要关注宏观经济状况、市场走势、政策变化等多个方面，以制定相应的投资策略。同时，他们还需要根据市场变化及时调整投资组合，以降低风险并提高收益。

第二节　证券投资基金的运作

一、证券投资基金的设立与组织结构

（一）基金的发起与设立

1. 发起的目的与动机

（1）财务收益：发起证券投资基金的主要动机之一是获取财务收益。通过集合投资，降低单个投资者的风险，实现更高的投资回报。

（2）资产管理：发起人通过发起基金，能够有效地管理和配置资产，实现资产的长期增值。

（3）品牌建设与市场拓展：发起证券投资基金也有助于发起人在市场上树立品牌形象，吸引更多投资者，进一步扩大市场份额。

2. 发起人的资质与能力

（1）专业能力：证券投资基金的发起人应具备与证券投资相关的专业知识和经验，能够对市场趋势进行准确判断，制定有效的投资策略。

（2）资源网络：发起人应具备广泛的资源网络，包括与各类金融机构、行业企业的联系，以便为基金的投资活动提供支持。

（3）信誉与合规性：发起人应具备良好的信誉记录，确保其行为符合相关法律法规和监管要求，保护投资者权益。

3. 基金类型的选择

（1）目标市场与投资者群体：根据目标市场和投资者群体的特点，选择合适的基金类型。例如，针对风险承受能力较低的投资者，可以选择稳健型基金；针对风险承受能力较高的投资者，可以选择积极型基金。

（2）投资策略与风险收益特征：不同类型的证券投资基金具有不同的投资策略和风险收益特征。发起人应根据市场环境和自身能力选择适合的投资策略，并明确基金的风险收益目标。

（3）法规与监管要求：在选择基金类型时，还需考虑相关法律法规和监管要求，确保基金的设立合法合规。

4. 资金募集与投资者关系管理

（1）募集策略与渠道：发起人需制定详细的募集策略，包括目标投资者群体的定位、募集期限、募集金额等。同时，利用多种渠道进行宣传推广，提高基金的知名度。

（2）投资者关系管理：建立良好的投资者关系是确保资金募集成功的关键。发起人应积极与投资者沟通，及时回应关切，增强投资者对基金的信任和忠诚度。

（3）风险揭示与投资者教育：在募集过程中，发起人应充分揭示投资风险，向投资者传递正确的投资理念和风险意识，确保其做出理性决策。

证券投资基金的发起是一个综合性的过程，涉及多方面的考量与决策。从明确发起的目的与动机、评估发起人的资质与能力，到选择合适的基金类型、制定募集策略并建立良好的投资者关系，每一步都对基金的成功设立和后续运营产生重要影响。在实际操作中，发起人需对市场环境、法律法规和投资者需求进行深入研究，以确保发起过程的顺利进行并实现预期目标。

（二）基金的组织结构

证券投资基金的组织结构是其运作的基础，决定了基金的决策机制、管理效率和风险控制等多个方面。深入探讨基金的组织结构，其关键要素和影响因素主要包括以下方面：

1. 基金的法律形式

（1）公司型基金：公司型基金是具有独立法人资格的组织形式，其核心特点是拥有独立的公司章程和管理机构。这种结构使得公司型基金具有相对较高的自主权，但也意味着需要建立完整的公司治理结构。

（2）契约型基金：契约型基金则依赖于信托契约来规定各方的权利和义务。这种形式下的基金通常由基金管理人、基金托管人和投资者等各方组成，通过签订契约来明确各方的职责和权利。

2. 治理结构

（1）决策机构：基金的决策机构通常由基金份额持有人大会或董事会组成，负责审议和决定基金的重大事项，如投资策略、风险管理、收益分配等。为了确保决策的有效性和专业性，许多基金还会设立投资决策委员会或风险管理委员会。

（2）管理机构：基金管理机构通常由基金管理公司或投资顾问担任，负责基金的投资运作和日常管理。他们根据基金的投资策略和目标进行投资决策和资产配置，目标是实现基金资产的最大化增值。

（3）监督机构：为了确保基金的合规运作和保护投资者的利益，许多基金还会设立监督机构或聘请外部审计机构进行监督。监督机构负责对基金的运作进行监督和检查，确保其符合法律法规和契约要求。

3. 内部控制体系

（1）风险管理制度：内部控制体系的核心是风险管理制度，旨在识别、评估和控制基金面临的各种风险。这包括市场风险、信用风险、操作风险等，以确保基金在追求收益的同时能够控制风险。

（2）合规管理制度：合规管理制度是确保基金运作符合法律法规和监管要求的重要保障。它要求基金建立健全的合规体系，包括合规政策、合规审查、合规培训等，以确保所有业务活动合法合规。

（3）投资管理制度：投资管理制度是对基金投资决策和运作流程的规范和管理。它要求制定合理的投资策略、资产配置和风险控制措施，以确保基金的投资运作符合既定的目标和风险偏好。

4. 外部关系管理

（1）与投资者关系的管理：良好的投资者关系是维护投资者信心和提高忠诚度的重要手段。基金应积极与投资者沟通，提供透明的信息披露和优质的客户服务，以建立长期稳定的投资者基础。

（2）与合作伙伴关系的管理：为了提高投资效益和扩大市场份额，基金往往需要与金融机构、咨询公司等合作伙伴进行合作。管理好与合作伙伴的关系有助于建立互利共赢的合作关系，共同推动业务发展。

（3）与监管机构关系的管理：与监管机构保持良好的关系对于基金的合规运作至关重要。基金应遵守相关法律法规和监管要求，积极配合监管机构的检查和指导，以降低合规风险并获得监管机构的认可和支持。

（三）基金的注册与备案

1. 注册地选择

选择合适的注册地有助于降低运营成本、提高运营效率，并享受相关税收优惠政策。注册地的选择需综合考虑多种因素，如法律法规环境、市场条件等。

2. 备案流程

按照相关法律法规和监管要求，证券投资基金需完成必要的备案手续，如向证监会或相关监管机构提交备案材料。这一过程需确保所有资料真实、准确、完整，符合合规性要求。

3. 合规审查

监管机构对基金的设立进行合规审查，确保其符合法律法规和监管要求，保护投资者权益。通过合规审查是基金设立的重要步骤之一。

二、证券投资基金的交易与执行

（一）交易前的准备与计划

在证券投资基金的交易过程中，事前的准备与计划至关重要。这不仅关乎到基金的投资目标与策略，还直接影响到交易的执行效率与风险控制，是确保交易成功的重要前提。通过深入的市场分析、明确的投资策略、合理的风险管理措施及完备的应急预案，有助于提高交易的执行效率与风险控制水平。同时，随着市场的不断变化与技术的更新迭代，证券投资基金的交易准备与计划也应持续优化与创新，以适应不断变化的市场环境。

1. 市场分析与研究

（1）宏观经济分析：对整体经济环境进行深入研究，了解国家经济政策、GDP增速、通货膨胀率等关键指标，以评估未来经济走势。

（2）行业分析：针对基金关注的特定行业或领域，进行深入的行业分析，了解行业发展趋势、竞争格局、政策影响等。

（3）公司分析：对目标投资的公司进行全面评估，包括财务状况、经营状况、管理团队等，以确定其投资价值。

2. 投资策略与目标确定

（1）投资策略：根据市场分析与研究的结果，明确基金的投资策略，包括投资领域、风险偏好、资产配置等关键要素。

（2）投资目标：设定基金的投资目标，如预期收益率、风险水平等，为后续的交易决策提供指导。

3. 交易工具与平台选择

（1）交易工具：选择合适的交易工具，如电话、计算机软件、手机App等，确保交易的便捷性与安全性。

（2）交易平台：评估并选择信誉良好的证券交易平台，确保交易的公正、公平与透明。

4. 风险管理措施

（1）止损设置：为控制风险，设置合理的止损点位，一旦达到该点位，系统自动执行卖出操作。

（2）仓位管理：根据投资策略与风险承受能力，合理分配资金与仓位，避免因市场波动导致的过大损失。

（3）动态调整：根据市场走势与基金表现，适时调整投资组合，优化风险收益比。

5. 应急预案制定

（1）流动性管理：制定应急预案以应对市场流动性风险，确保在市场波动剧烈时能够迅速调整仓位。

（2）信息保密：对于涉及敏感信息的交易活动，制定严格的信息保密措施，防止信息泄露与不当使用。

（3）技术故障应对：针对可能出现的交易系统故障或网络问题，制定相应的应急处理方案，确保交易的连续性与安全性。

（二）交易执行的过程与策略

在证券投资基金的交易执行过程中，策略的制定与过程的执行对于实现预期投资目标具有至关重要的作用，是实现预期投资目标的关键环节。基金经理和投资团队需综合考虑市场环境、信息不对称、交易成本、风险管理和团队协作等因素，制定科学合理的交易执行过程与策略。同时，随着市场的不断变化和技术的发展，证券投资基金的交易执行与策略也应不断调整和完善，以适应新的市场环境和投资需求。

1. 交易执行过程

（1）交易决策制定：基于基金的投资目标、策略和市场状况，基金经理或投资团队制定具体的交易决策，包括买入、卖出或持有等操作。

（2）交易指令下达：基金经理根据决策需要，向交易员或自动交易系统下达明确的交易指令，包括交易标的、数量、价格等关键信息。

（3）交易执行：交易员或交易系统根据指令在市场上寻找最佳的交易机会，执行买入或卖出操作，确保交易的执行价格和数量符合指令要求。

（4）交易确认与反馈：交易完成后，交易员须及时确认交易结果，并向基金经理汇报。基金经理根据反馈调整投资组合和风险管理措施。

2. 交易策略

（1）时机选择：根据市场走势、宏观经济状况和行业动态等因素，选择合适的买入或卖出时机，以降低成本或抓住机会。

（2）资产配置：根据基金的投资目标和风险承受能力，合理配置各类资产的比例，以达到风险和收益的平衡。

（3）价格策略：根据市场供求关系、技术分析或其他信息来源，制定合理的买入或卖出价格策略，以降低成本或提高收益。

（4）流动性管理：在交易过程中，合理管理基金的流动性，确保在需要时能够迅速买入或卖出而不影响市场价格。

（5）风险管理：在交易策略中充分考虑风险管理因素，制定止损点、设置仓位限制等措施，以降低潜在损失。

3. 影响因素

（1）市场环境：市场走势、波动性和信息传递速度等市场环境因素直接影响交易的执行和策略的有效性。

（2）信息不对称：在证券市场中，信息不对称是影响交易决策和策略的重要因素。基金经理需通过多渠道获取信息，降低信息不对称对交易的影响。

（3）交易成本：交易成本包括佣金、税费和其他费用，直接影响基金的投资收益。基金经理需在制定交易策略时充分考虑成本因素。

（4）风险管理能力：风险管理能力是影响交易执行和策略的关键因素之一。基金经理需具备丰富的风险管理经验和技能，以应对市场波动和不确定性。

（5）投资团队经验与协作：投资团队的经验、专业知识和团队协作能力对交易执行和策略的制定具有重要影响。优秀的投资团队能够根据市场变化灵活调整策略并有效执行交易。

（三）交易后的管理与监控

交易后的管理与监控对于证券投资基金的长期稳健发展至关重要。通过对投资组合的持续管理、风险的全面监控、绩效的深入评估以及信息披露的规范执行，基金能够更好地实现预期的投资目标，保护投资者利益。随着市场环境和监管政策的不断变化，证券投资基金在交易后的管理与监控方面也应不断创新和完善，以适应新的挑战和机遇。

1. 投资组合的持续管理

（1）资产配置调整：根据市场走势、宏观经济变化和风险管理需求，基金经理需定期或不定期调整各类资产的配置比例，以优化投资组合。

（2）个股与行业监控：对持有个股和行业进行持续的跟踪和分析，评估其价值与风险，确保投资组合与基金目标保持一致。

（3）流动性管理：确保投资组合具备良好的流动性，以便在需要时快速买入或卖出证券，降低流动性风险。

2. 风险管理与监控

（1）市场风险监控：监测市场整体走势和波动性，评估投资组合面临的市场风险，及时调整以降低潜在损失。

（2）信用风险评估：对债券等投资品种的信用质量进行评估，关注发行方的信用状况，防范违约风险。

（3）合规风险控制：确保投资活动符合法律法规和监管要求，防止因违规操作导致的风险。

（4）操作风险防范：加强内部控制，规范操作流程，降低因人为错误或系统故障导致的风险。

3. 绩效评估与归因分析

（1）投资回报率：定期计算投资组合的回报率，评估其是否达到预期目标。

（2）风险调整后收益：引入风险调整指标，如夏普比率等，全面评估投资组合的风险与收益表现。

（3）归因分析：深入分析投资组合的收益来源，识别不同因素对收益的贡献度，为未来投资提供参考。

4. 信息披露与报告制度

（1）定期报告：按照监管要求和基金合同约定，定期编制并发布基金的财务报告、投资组合报告等文件，确保投资者及时了解基金运作情况。

（2）重大事项报告：对于涉及基金重大事项，如投资品种出现重大风险、持有人大额赎回等，需及时向投资者和监管机构报告。

（3）信息披露规范：确保信息披露的真实性、准确性和完整性，防止误导投资者和违反法规的情况发生。

思考与练习

1. 什么是证券投资基金？可以分为哪些种类？
2. 设立证券投资基金应做怎样的准备？
3. 证券投资基金的交易与执行过程中应注意哪些问题？

第八章 国际投资

第一节 国际投资概述

一、国际投资的发展

（一）国际投资的概念

国际投资是指投资者跨越国界，将资本投向其他国家或地区，以获取投资回报的经济活动。首先，与国内投资不同，国际投资涉及投资者将其资本转移到其他国家和地区，以寻求更高的投资回报或更广阔的市场。这种资本的跨国流动需要克服地理、文化、制度等多方面的障碍，因此，国际投资往往面临更大的风险和不确定性。其次，投资者进行国际投资的根本动机是为了获取更高的投资回报。他们可以通过多种方式实现这一目的，例如，投资于具有更高收益潜力的行业或地区、利用东道国的资源优势或市场优势等。然而，国际投资也面临着多种风险，如政治风险、汇率风险、市场风险等，投资者需要具备足够的风险管理能力，以实现预期的投资回报。此外，国际投资不仅仅是资本的流动，还涉及投资者与东道国之间的合作关系和竞争关系。投资者需要与东道国政府、企业和其他利益相关方进行沟通和协商，以获取必要的资源和支持。同时，国际投资也涉及东道国的经济发展和社会福利，东道国政府需要制定合适的政策，以吸引外资并促进本国经济的发展。

（二）国际投资的特征

1. 国际投资与国内投资的区别

国内投资主要满足本国经济发展的需求，促进本国产业的发展和经济增长。而国际投资的目的则更加多样，包括寻求高回报、开拓海外市场、获取资源、分散风险等。国际投资者可以通过在不同国家和地区进行投资，利用不同国家的优势，实现多元化的投资组合和战略布局，以满足其特定的投资需求和目标。相比之下，国内投资者通常只需要关注本国货币的汇率波动。此外，国际投资需要在不同国家和地区进行投资活动，因此需要面对不同国家和地区的投资环境差异，每个国家和地区的政治、经济、社会、文化等方面的环境因素都可能对国际投资产生影响，国际投资者需要对不同国家的投资环境进行深入了解和评估，以制定合适的投资策略和风险管理措施。同时，国际投资者还需要与不同国家的利益相关方进行沟通和协调，以实现其投资目标。由于国际投资的货币多元化特点，投资者需要关注和处理不同货币的汇率风险，汇率波动可能对国际投资者的收益产生重大影响，投资者需要采取相应的风险管理措施，如使用金融衍生品或进行货币对冲等操作，以降低汇率风险对其投资组合的影响。同时，国际投资者还需要了解不同国家的金融市场和金融机构，以便更好地进行资金运作和风险管理。此外，国际投资者需要对不同国家的投资环境进行深入了解和评估，以制定合适的投资策略和风险管理措施。这需要投资者具备强大的跨文化交流和沟通能力，以及灵活应对和处理各种复杂问题的能力。

2. 国际投资与国际资本流动的区别

国际投资与国际资本流动是两个密切相关的概念，它们都涉及资本在国际的转移，但两者在本质上存在一定的差异。首先，国际资本流动是一个更广泛的概念，它涵盖了所有形式的资本跨国流动，包括贸易金融、跨国资金融通、政府间的低息贷款或馈赠等。国际资本流动的目的是多样的，它可以是为了满足贸易往来、跨国资金融通的需求，也可以是出于政府间外交或援助的目的。因此，国际资本流动更注重的是资金在国际的转移和流动，而不一定以追求盈利为主要目的。而国际投资则更侧重于以盈利为目的的资本跨国流动。国际投资者通过在国际市场上投放资本，以期获取更高的投资回报或实现其他战略目标。国际投资的形式可以是直接投资，如设立跨国公司、收购兼并等，也可以是间接投资，如购买外国股票、债券等金融资产。国际投资的目的是实现资本的增值和获取更大的经济利益。其次，国际投资与国际资本流动在流动方向、投资期限和风险等方面也存在差异。一般来说，国际投资更注重长期投资，投资期限较长，投资者通常会面临较大的不确定性和风险。而国际资本流动则可能更加灵活，可以根据需求进行短期或长期的跨境流动。此外，国际投资通常需要更多的资源投入和管理，包括人力资源、技术和管理经验的转移。另外，虽然国际资本流动的范围更广泛，但国际投资在国际资本流动中占据了绝对的优势。这是因为国际投资通常涉及更深层次的资源整合、产业升级和技术转移，对于推动全球经济的发展和融合具有更加重要的意义。并且随着全球化进程的加速和国际经济合作的深化，国际投资的发展趋势也日益明显，成为了各国经济发展的重要推动力。

（三）国际投资发展的新趋势

1. 跨国公司在国际直接投资中占据绝对的优势

跨国公司通常是在本国或国际市场上已经取得成功的大型企业，拥有丰富的资本储备和强大的融资能力。这种资本优势使得跨国公司在国际直接投资中具备了得天独厚的条件，能够承担更高的投资风险，并且更有能力应对各种经济波动和不确定性。资本优势为跨国公司提供了巨大的灵活性，使其能够迅速抓住市场机遇并在竞争激烈的环境中脱颖而出。在跨国投资中，充足的资本意味着可以投资于大型项目、进行技术研发、扩大生产规模，以及建立强大的销售和营销网络。这样的资本实力也使跨国公司在与当地企业或政府的合作中更具信誉和谈判力。除了资本优势外，跨国公司通常在本行业内拥有先进的技术和管理经验。这些技术和管理经验是跨国公司在国际市场上获得竞争优势的关键因素。通过技术转让和人力资源培训，跨国公司可以帮助东道国提高生产效率和技术水平，推动当地经济的发展。这种技术转移不仅有助于东道国实现产业升级和经济增长，同时也为跨国公司带来了长期的市场份额和竞争优势。除了技术和资本优势外，跨国公司通常拥有全球化的营销网络和品牌影响力。这些资源帮助跨国公司在国际市场上更快地拓展业务，提高产品的知名度和市场份额。通过利用全球化的营销网络，跨国公司可以将产品和服务迅速推广到世界各地，同时利用品牌影响力吸引客户并建立稳定的消费群体。而且跨国公司通常拥有完善的风险管理体系和丰富的风险应对经验。在面对东道国的各种不确定性和风险时，如政治风险、经济风险和社会风险等，跨国公司能够更加从容地应对，并采取相应的风险管理措施，确保投资的安全和稳定。这种风险管理能力是跨国公司在国际直接投资中不可或缺的一部分，能够帮助其降低风险、确保投资回报的稳定性。并且跨国公司对国际直接投资的吸引力还在于其追求高额利润的动机。在全球化的大背景下，跨国公司通过国际直接投资可以在全球范围内实现资源的优化配置和产业链的整合，进一步提高自身的盈利能力和竞争力。这种追求高额利润的动机驱使着跨国公司不断扩大对外投资的规模和范围，也使其在国际直接投资中占据了绝对的优势。

未来，随着经济全球化的深入发展，跨国公司在国际直接投资中的地位和作用将更加重要。面对新的国际经济格局和挑战，跨国公司将继续发挥其资本、技术和管理优势，积极拓展国际市场，参与国际竞争。同时，跨国公司也将面临更加复杂多变的国际环境和更加激烈的竞争压力，需要不断提升自身的创新能力、市场开拓能力和风险管理能力，以适应不断变化的市场需求和竞争态势。在国际直接投资中，跨国公司将更加注重对当地市场的了解和文化融入，加强与当地企业的合作与交流，共同推动经济的繁荣和发展。同时，跨国公司也将积极履行社会责任，关注环境保护、劳工权益等问题，实现可持续发展和长期利益的最大化。通过这些努力，跨国公司将为全球经济繁荣和发展做出更大的贡献。

2. 跨国公司直接投资呈现出三足鼎立的投资格局

自20世纪70年代后期以来，跨国公司的直接投资格局发生了深刻的变化，传统的美国跨国公司一统天下的局面被打破，日本和欧盟成员国的跨国公司迅速崛起，形成了日本、美国和欧盟成员国三足鼎立的格局。这一格局的形成，既是世界经济格局变化的反映，也是不同国家跨国公司竞争优势差异的体现。首先，日本跨国公司的崛起，主要得益于其独特的经济模式和企业文化。日本企业注重技术研发和创新，强调产品质量和细节管理，同时在全球化背景下积极开拓海外市场，通过直接投资，日本企业不仅获取了更多的市场机会，也将其技术和管理经验传播到世界各地，进一步提升了其国际竞争力。其次，美国跨国公司在全球范围内一直保持着领先地位。美国企业拥有强大的技术创新能力和品牌影响力，同时借助全球化的机遇，不断扩大对外投资规模。无论是技术密集型产业还是劳动密集型产业，美国企业都能够凭借其卓越的创新能力占据市场主导地位。欧盟成员国的跨国公司则以其多元化的经济结构和强大的工业基础为依托。欧盟内部的自由贸易协定和关税同盟为欧盟企业提供了广阔的市场空间和便利的贸易条件。此外，欧盟企业还以其先进的技术和卓越的产品质量在国际市场上占有一席之地。值得注意的是，尽管发达国家间的跨国公司直接投资仍然占据主导地位，但发展中国家的跨国公司也在迅速崛起。这些企业通过学习和借鉴发达国家跨国公司的成功经验，不断提升自身的竞争力和国际化水平。他们开始在某些领域展现出独特的竞争优势，并逐渐成为全球价值链中不可或缺的一部分。

从1996年到2023年的《财富》杂志发布的统计数据表明，我国入围世界500强的企业从4家发展为142家。这些数据展示了我国跨国公司强劲的发展规模，体现了真正意义上的“中国速度”。此外，从政策支持上看，我国跨国公司占据着得天独厚的政策优势，加之各级政府管理制度和体制的不断完善，我国跨国公司诸如中石油、中石化、中联重科等企业具有一定的优势地位和雄厚的资金储备。

3. 发达国家与发展中国家间投资关系逐渐具有互补趋势

发达国家与发展中国家间的投资关系逐渐呈现出互补的趋势，这一现象是全球化进程中经济格局变化的必然结果。随着技术进步和市场开放的不断推进，发展中国家在劳动力、资源和市场等方面所具备的优势逐渐凸显，而发达国家则凭借其技术、资本和管理经验等优势在全球范围内寻找投资机会。这种互补性的投资关系对于推动全球经济的平衡发展和提升各国的竞争力都具有重要意义。首先，随着人口红利的释放和工业化进程的加速，发展中国家在劳动密集型产业方面具有较大的比较优势，通过在发展中国家投资设厂或开展资源开发合作，发达国家可以充分利用当地的资源优势和市场潜力，实现成本节约和市场拓展。其次，发达国家的企业拥有先进的技术和资本实力，能够为发展中国家提供高质量的产品和服务，推动当地产业升级和技术进步，而且发达国家的跨国公司还通过在发展中国家设立研发中心、培训中心等方式，传播先进的技术和管理经验，为当地经济发展提供智力支持。

这种互补性的投资关系对于发达国家和发展中国家都具有积极的意义。对于发达国家而言，对发展中国家的投资可以为其带来新的增长点和竞争优势，同时也可以帮助其转移过时的产业或缓解国内就业压力。对于发展中国家而言，吸引外资可以为其带来资金、技术和管理经验的引进，促进本国经济的快速发展和产业升级。并且，发展中国家还可以通过与发达国家的合作，提高自身在全球价值链中的地位，逐步实现从低成本制造向高技术产业的转型。然而，要实现这种互补性的投资关系，还需要克服一些挑战和障碍。首先，发达国家和发展中国家之间存在一定的经济和技术差距，需要加强技术转移和合作，实现互利共赢。其次，投资环境、政策法规和文化差异等因素可能影响跨国公司的投资决策和经营效益。因此，各国政府需要加强政策协调和合作，为跨国公司的投资创造更加良好的环境和条件。

4. 国际投资行为日益多样化并加快向服务业拓展

为了适应日趋复杂的国际市场和激烈的国际竞争环境，顺利贯彻公司的一体化战略和全球战略，跨国公司的国际投资行为日趋多样化，除了常见的独资经营和合资经营方式外，合作生产、技术转让、分包、许可证生产、特许专营等形式正得到广泛运用，还出现了跨国公司间主要从事研究开发合作的战略联盟。同时，由于经济发展和产业结构升级，服务业（主要是运输、商业、银行、通信、保险、旅游等）在各国经济总量中所占的比重不断提高，其在世界经济和对外直接投资中的重要性日益凸显。跨国公司的投资与母国的产业转换和升级相呼应，并开始加快向服务业拓展的速度。高新技术产业也已成为跨国公司在全球范围进行直接投资的热点，特别是电子技术、信息技术、光纤通信技术、生物工程技术和航天技术等更受跨国公司青睐。20世纪70年代早期，服务业吸引外资仅占全球外商直接投资存量的1/4，到20世纪90年代该比重已经上升到50%左右，服务业吸引外资占比从2015年的69.8%提高至

2020年的78.5%。进入21世纪以来，服务业外资主要集中于生产性服务业中，包括商业服务（29%）、金融服务（25%）、运输/仓储/通信（16%）和贸易（11%）。跨国公司国际投资行为的多样化及向服务业的快速拓展，实际上是跨国公司经营战略转变的必然要求，也是跨国公司在世界经济中占主导地位的重要体现。

二、国际投资理论

国际投资作为一种经济活动，其理论发展与全球经济格局的演变密切相关，从早期的国际借贷理论，到后来的比较优势理论，以及现代的跨国公司理论，国际投资理论的发展经历了多个阶段。国际投资理论的早期阶段主要关注资本的跨国流动。在这一时期，国际借贷理论是最具代表性的理论，该理论认为，发达国家向发展中国家提供贷款或进行投资，是基于追求更高收益的动机，发展中国家则需要引进外资来促进本国经济的发展。国际借贷理论强调了资本流动对经济发展的重要性，但未能充分解释国际投资的动因和机制。随着国际贸易的发展，比较优势理论逐渐成为国际投资的重要理论基础。该理论认为，各国在生产成本和资源禀赋方面存在差异，因此应专注于生产成本较低的产品并出口到其他国家。通过国际贸易和投资，各国可以发挥自身的比较优势，实现经济资源的优化配置和收益的增加。比较优势理论为国际投资提供了有力的理论支持，强调了国际合作的互利性。跨国公司理论是国际投资理论的重要分支，主要研究跨国公司对外直接投资的动机、决定因素和影响。这一理论认为，跨国公司通过对外直接投资可以获取东道国的市场、资源和技能，进而实现全球战略布局和竞争优势的获取。跨国公司理论的兴起与发展对于解释跨国公司对外直接投资的动机和行为具有重要意义。除了以上主流的理论外，国际投资领域还存在许多其他有价值的理论或观点。例如，一些学者强调了文化差异对国际投资的影响，认为文化因素在跨国公司的经营决策中起着重要作用。另一些学者则从地缘政治和经济安全的角度出发，探讨了国际投资与国家利益之间的关系。这些非主流的理论观点丰富了国际投资的研究领域，提供了更加全面的视角来理解国际投资的复杂性和多样性。

国际投资理论的演变反映了人们对全球经济互动认识的深化。从早期的资本流动理论到现代的跨国公司理论，国际投资的理论基础不断拓展和完善。这些理论不仅指导了国际投资实践的发展，也为政策制定提供了重要的参考依据。然而，国际投资理论仍然面临一些挑战和局限性。例如，现有的理论往往基于某些假设条件或特定情境，难以全面解释所有类型的国际投资行为。此外，国际投资的动因和影响机制可能随着全球经济环境的变化而发生变化，因此需要不断更新和完善国际投资理论。

（一）产业组织理论对境外投资的解释

产业组织理论为境外投资提供了一种独特的解释视角，特别是垄断优势理论。该理论认为，企业对外直接投资的主要动机是利用自身相较于东道国企业的垄断优势，从而在国外市场获取更多的利润。这种垄断优势主要体现在技术、管理、市场、规模经济、融资成本以及产品差异化等多个方面。首先，通过长期的投资和研发，跨国公司积累了大量先进的生产技术和知识，这些技术和知识可以为其在海外市场提供更高质量的产品和服务，从而获得更高的利润。对外直接投资使得跨国公司能够将这些技术优势转移到东道国，进一步巩固和扩大其市场份额。其次，跨国公司通常拥有先进的管理理念和方法，以及高效的决策和执行机制。这些优势可以帮助跨国公司在东道国快速适应市场环境，提高生产效率，降低成本，从而获得更多的利润。此外，跨国公司通常拥有庞大的全球销售网络和品牌知名度，这为其在海外市场提供了重要的竞争优势，通过在东道国投资设厂，跨国公司可以更好地利用其全球销售网络和品牌优势，扩大市场份额，提高盈利能力。并且，跨国公司通常拥有庞大的生产规模和市场份额，这使得其在原材料采购、生产、销售等环节具有更强的议价能力，从而降低成本，提高盈利能力。而且，跨国公司通常具有更强的融资能力和更低的融资成本，这为其在海外市场提供了更多的投资机会和更大的投资规模。另外，通过不断创新和开发新产品，跨国公司能够满足消费者多样化的需求，从而实现产品差异化。这种差异化使得跨国公司的产品在市场上更具有竞争力，从而提高盈利能力。然而，产业组织理论的垄断优势并不是绝对的。在实际的对外直接投资过程中，跨国公司还需要面对东道国的政策、法规、文化差异等挑战。同时，东道国企业也在不断发展壮大，其本地企业的竞争力也在不断提高。因此，对外直接投资需要综合考虑各种因素，充分发挥自身的优势，以实现可持续的盈利和发展。此外，产业组织理论也强调了市场结构对企业境外投资的影响。在寡头垄断或垄断竞争的市场结构下，企业通常具有较强的市场控制力和定价权，这为其在海外市场提供了更大的发展空间和机会。同时，产业组织理论还指出，企业境外投资需要具备一定的规模经济和范围经济效应，以提高生产效率和降低成本。

（二）产品生命周期理论

产品生命周期理论是国际营销学的核心理论之一，它是由美国经济学家雷蒙德·弗农于1966年提出的，该理论从产品生产的技术变化出发，分析了产品的生命周期以及与此相关的国家经济发展水平的差异。弗农认为，产品的生命周期可以分为三个阶段：创新阶段、成熟阶段和标准化阶段。在产品生命周期的不同阶段，企业应采取不同的市场营销策略，以适应市场需求的变化。产品生命周期是指产品从进入市场开始，直到最终退出市场所经历的生命周期。这一周期包括产品的开发、引入、成长、成熟、衰退和退出市场等阶段。在不同的阶段，市场需求、竞争状况和消费者行为等方面都会有所不同，因此企业需要采取不同的市场营销策略来应对市场的变化。在产品生命周期的不同阶段，企业的竞争策略也会有所不同。在创新阶段，企业需要通过研发和创新来推出新产品，并建立品牌形象和市场地位，由此可见，产品生命周期理论对于企业制定市场营销策略具有重要的指导意义。企业可以根据产品所处的生命周期阶段，采取不同的策略来应对市场的变化。例如：在创新阶段，企业需要注重研发和创新，提高产品质量和技术含量；在成熟阶段，企业需要扩大生产规模和降低成本，提高生产效率和市场份额；在标准化阶段，企业需要提高产品质量和降低价格，应对激烈的市场竞争。此外，产品生命周期理论还可以应用于跨国企业的市场营销策略中。由于不同国家和地区的经济发展水平和技术水平存在差异，同一产品在不同国家所处的生命周期阶段也会有所不同。因此，跨国企业需要根据不同国家和地区的实际情况，制定相应的市场营销策略，以实现全球市场的营销目标。

产品生命周期理论的优点在于它可以帮助企业了解市场需求的变化趋势，并根据不同阶段的特点制定相应的市场营销策略；它还可以帮助企业评估不同产品的竞争力和市场地位，从而做出更加明智的决策。然而，产品生命周期理论也存在一些缺点：首先，它忽略了不同国家和市场的差异性和复杂性，难以完全适用于所有情况；其次，它无法准确预测未来市场的发展趋势和变化规律；而且它也无法解决企业在实践中遇到的所有问题。

（三）折中理论

折中理论是国际投资领域中的一种重要理论，由英国经济学家邓宁在20世纪70年代提出。该理论对境外投资的原因和条件进行了系统的分析和总结，认为厂商进行境外投资是由企业专属优势、内部化优势和区位优势三者综合作用的结果。企业专属优势是指企业在生产、技术、管理、销售等方面所拥有的竞争优势。这些优势可以是企业在长期经营中积累的经验、知识和技能，也可以是企业通过研发和创新所获得的专利和技术。这些优势可以使得企业在市场上获得更高的竞争力和市场份额，从而获得更高的利润。企业专属优势是境外投资的重要基础。企业需要在全球范围内寻找机会，利用自己的优势来获得更大的市场份额和更多的利润。这种优势的发挥需要企业在境外投资时进行全面的市场调研和分析，了解当地市场需求、竞争状况和法律法规等方面的信息，从而制定出相应的市场营销策略和投资计划。内部化优势是指企业将自己在生产、技术、管理等方面的优势通过内部化方式转化为产品和服务的优势。这种优势可以使得企业更好地控制产品质量和生产过程，更好地满足客户需求和提高客户满意度。内部化优势还可以使得企业更好地保护自己的知识产权和技术秘密，防止外部竞争者的侵犯和模仿。在境外投资中，内部化优势的作用尤为重要。由于不同国家和地区的文化、语言、法律等方面的差异，企业在境外投资时需要面临更多的不确定性和风险。企业需要通过内部化方式建立自己的销售和服务网络，更好地了解当地市场需求和客户反馈，及时调整产品和服务，提高客户满意度和忠诚度。区位优势是指企业在选择投资地点时所考虑的因素，包括当地市场需求、自然资源、产业政策、劳动力成本等方面的优势。这些因素可以使得企业在当地获得更好的生产和经营条件，降低生产成本和提高生产效率，从而获得更大的市场份额和更多的利润。

在境外投资中，区位优势是企业选择投资地点的重要考虑因素。企业需要根据当地市场需求和产业政策等因素，选择适合自己的投资地点，并制定相应的市场营销策略和投资计划。同时，企业还需要了解当地法律法规和文化等方面的信息，遵守当地法律和规定，融入当地文化和社会环境，从而获得更好的经营效果和社会声誉。

（四）投资发展周期理论

投资发展周期理论在传统的国际投资理论的基础上，结合了发展中国家的实际情况，进一步深化了对国际投资现象的认识。传统的国际投资理论主要关注发达国家之间的资本流动和投资行为，而投资发展周期理论则更加注重发展中国家在国际投资中的地位和作用。邓宁认为，随着经济的发展的提高，一国的国际投资地位也会随之提高，同时该国的企业也会逐渐具备更多的国际投资优势和条件。具体来说，一国的企业将逐渐具备更多的国际投资优势和条件，如企业专属优势、内部化优势和区位优势等，这些优势可以使得企业在国际市场上获得更大的竞争优势和市场份额，从而进行更多的国际投资。此外，投资发展周期理论还认为，一国的国际投资行为与其经济发展阶段密切相关。在经济发展的初级阶段，资本流出较少，主要是吸引外资；在经济发展的中级阶段，随着国内经济的发展和资本积累的增加，对外直接投资开始逐渐增多；在经济发展的高级阶段，对外直接投资将大幅度增加，成为该国国际经济交往中的重要组成部分。

投资发展周期理论为发展中国家开展国际投资提供了重要的指导和借鉴意义。对于发展中国家来说，提高国际投资地位需要从多个方面入手：首先，加强国内经济发展和资本积累，提高生产总值水平；其次，加强企业核心竞争力的培育，提高企业专属优势和内部化优势；另外，加强市场调研和风险管理，合理选择投资地点和目标市场。近年来，随着经济全球化和区域一体化的加速发展，国际投资现象呈现出许多新的特点和趋势，如跨境并购、绿地投资、跨国公司网络等。

（五）边际产业扩张论

边际产业扩张论是国际投资领域中的一种重要理论，由日本经济学家小岛清在20世纪70年代提出。该理论认为，由于各国的要素禀赋存在差异，要素相对价格也存在差异，因此企业应将处于比较劣势的产业转移到其他国家，特别是那些要素价格相对较低的国家，以实现合理化的要素组合和增加东道国的国内生产总值。这种转移不仅有助于转出国提高生产效率和资源配置效率，也有助于受让国引进先进技术和产业，促进经济发展和提高国民福利。

边际产业扩张论是在传统的国际投资理论的基础上发展而来的。边际产业扩张论的核心观点是企业应将处于比较劣势的产业转移到其他国家，特别是那些要素价格相对较低的国家，这种转移可以使得企业获得更低的成本和更高的利润，同时也有助于提高东道国的生产效率和国民福利。在转移的过程中，企业需要选择与自身技术和经营模式相匹配的受让国，了解当地市场需求和法律法规等方面的信息，建立稳定的销售渠道和合作伙伴关系，以确保投资的可行性和可持续性。此外，边际产业扩张论还认为，企业对外投资需要遵循以下几个原则：首先，要选择那些在国内市场上已经失去比较优势的产业进行转移；其次，要考虑到受让国的要素价格和市场需求等方面的因素；另外，要注重技术和管理经验的输出，帮助受让国建立相应的产业体系和提升整体经济水平。

对于发展中国家来说，提高国际竞争力需要不断调整产业结构和技术水平，将处于比较劣势的产业转移到其他国家，以实现资源的优化配置和经济的快速发展。同时，发展中国家也需要加强自身技术和管理经验的积累和提高，以更好地适应全球化的市场竞争和对外投资的需要。近年来，随着经济全球化和区域一体化的加速发展，国际投资现象呈现出许多新的特点和趋势，如跨境并购、绿地投资、跨国公司网络等，在跨境并购中，企业需要更加注重目标公司的价值评估和市场前景分析；在绿地投资中，企业需要更加注重当地市场需求和环境影响等方面的因素；在跨国公司网络中，企业需要更加注重全球范围内的资源配置和协同效应的发挥。

三、我国对外投资的发展及战略

（一）我国对外投资的产生与发展

改革开放后，中国对外投资真正起步。随着经济体制改革的深入，特别是企业改革和所有制形式的改革，国内企业开始具备开展对外投资活动的能力和动机。这一时期，对外投资的主要形式是境外贸易和跨国并购。中国企业在探索跨国经营的过程中，逐步积累经验，提高国际竞争力。进入21世纪后，中国对外投资开始呈现加速增长态势。特别是中国加入世界贸易组织后，对外投资的规模和范围都有了显著提升。随着全球经济一体化的深入发展，中国对外投资也呈现出多元化和全方位的特点。中国企业不仅在非洲、亚洲等传统投资区域继续扩大投资，同时也开始进入欧美等发达国家的市场。对外投资的行业也从传统的劳动密集型产业向高端制造业、服务业等领域拓展。

然而，中国对外投资的发展并非一帆风顺。在取得显著成绩的同时，也存在一些问题和挑战。为了应对这些问题和挑战，中国政府和企业需要采取一系列措施。首先，政府应加强对外投资的监管和管理，引导企业理性投资，避免盲目和投机行为。同时，还应加强对外投资的风险评估和管理，建立健全的风险防范和应对机制。此外，企业也应提高自身的核心竞争力，加强品牌建设和质量管理，提升在国际市场的竞争力和影响力。在对外投资的过程中，中国企业还应注重履行社会责任和可持续发展，积极回馈当地社会，促进经济社会的共同发展。通过这种方式，不仅可以提升企业的形象和声誉，还可以为中国的对外投资赢得更广泛的支持和认可。

我国企业对外直接投资的发展大体上经历了三个阶段：

1. 第一阶段：1979—1986年

在这一时期，中国经济发展主要依赖国内资源和市场，对外投资规模很小，投资领域也相对有限。然而，随着改革开放的深入，中国政府开始意识到对外投资的重要性，并制定了一系列鼓励企业“走出去”的政策措施。这些政策措施主要包括提供财政支持、税收优惠、金融贷款等，以鼓励企业开展对外投资和跨国经营。在这一阶段，中国对外投资的主要特点是试探性和小规模投资。由于对外投资经验不足，风险较大，企业普遍采取谨慎的态度，投资规模相对较小。而且，投资主体主要是国有企业，因为国有企业拥有较强的经济实力，更容易获得政策优惠。此外，投资领域主要集中在资源开发和初级产品生产等方面，因为这些领域的产品需求量大，市场前景广阔，同时也有利于发挥中国的比较优势。在这一阶段，中国对外投资虽然规模较小，但意义重大。通过对外投资，中国企业开始接触国际市场，积累国际经验，为以后的对外投资和跨国经营打下了基础。同时，对外投资也有利于中国企业优化资源配置，提高经济效益和市场竞争力。

随着改革开放的深入和政府政策的鼓励，越来越多的中国企业开始“走出去”，开展对外投资和跨国经营。其次，投资领域不断拓展。从最初的资源开发和初级产品生产，逐渐拓展到制造业、服务业等多个领域。例如，中国企业开始在海外设立贸易机构、承包工程、建立研发中心等，通过多种方式参与国际市场竞争。此外，投资主体也呈现多元化趋势。除了国有企业外，民营企业也开始涉足对外投资，成为中国对外投资的新生力量。然而，这一阶段中，由于中国对外投资起步较晚，与国际先进水平相比还存在较大差距，在投资决策、市场分析、风险管理等方面缺乏足够的经验和技能。其次，政府支持和政策优惠不够充分。虽然政府出台了一系列鼓励企业“走出去”的政策措施，但在实际操作中还存在诸多困难。此外，一些国家对中国企业的投资存在担忧和误解，对外来投资存在一定的排斥和限制。国际政治经济环境的不稳定和不确定因素也给中国对外投资带来了一定的风险和挑战。

2. 第二阶段：1987—1990年

这一阶段的主要特点是，企业开始主动走出去，寻求国际合作和外部发展机会。投资主体开始出现多元化，不仅有国有企业，也有民营企业开始涉足对外投资。投资领域也进一步扩大，涉及到了制造业、服务业等多个领域。随着中国经济体制改革的深入，企业开始逐渐成为市场主体，拥有更多的自主经营权和决策权。这为企业开展对外投资活动提供了更多的机会和动力。同时，随着国际市场竞争的加剧，国内企业也开始意识到对外投资的重要性，希望通过对外投资来获取更多的战略资源和市场份额。在这一阶段，中国对外投资的规模逐渐扩大，投资领域也进一步拓宽。除了资源开发和初级产品生产领域外，中国企业开始进入制造业、服务业等领域，开展更加广泛的对外投资活动。开展跨国经营和全球资源配置。同时，投资主体也开始呈现多元化趋势。国有企业仍然是主要的投资主体之一，但民营企业也开始逐渐涉足对外投资。随着中国经济体制改革的深入和市场化程度的提高，民营企业得到了更多的发展机会和自主权，开始积极参与国际市场竞争，成为中国对外投资的新生力量。此外，中国政府进一步放宽外汇管制、提供财政支持和税收优惠等，为企业开展对外投资活动提供了更多的政策支持。

3. 第三阶段：1991年至今

随着中国经济的快速发展和对外开放程度的提高，中国企业对外投资的需求和实力不断增强。越来越多的企业开始"走出去"，开展对外投资和跨国经营。同时，中国政府为企业对外投资提供了进一步的政策支持。这些政策措施进一步激发了企业对外投资的热情和动力，促进了对外投资的加速增长。其次，中国企业在对外投资的过程中，不断拓展投资领域，涉及的行业越来越广泛，除了传统的资源开发和初级产品生产领域外，中国企业开始进入高端制造业、服务业等领域，开展更加多元化的对外投资活动，而且中国企业也不断拓展投资区域，不仅在非洲、亚洲等传统投资区域继续扩大投资，同时也开始进入欧美等发达国家的市场，这种多元化的投资策略有利于中国企业优化资源配置、提高经济效益和市场竞争力。此外，随着对外投资的加速发展，中国企业开始采取更加多样化的投资方式。除了传统的直接投资外，中国企业开始采用跨国并购、股权置换等方式进行对外投资。这些新的投资方式有利于中国企业快速获取国际先进技术、品牌和市场渠道等战略资源，提高企业的核心竞争力和国际化水平。

（二）我国的对外投资发展战略

1. 我国对外投资的区位战略

由于地缘优势和经济发展水平的相近性，中国企业在亚洲地区的投资活动最为频繁。例如，中国与东南亚国家联盟（ASEAN）的经济合作日益紧密，许多中国企业在此设立生产基地或开展资源开发项目。此外，中亚和南亚地区也是中国企业对外投资的重要区域，主要涉及能源和基础设施领域。其次，非洲和拉丁美洲等发展中国家也成为中国对外投资的新热点。这些地区拥有丰富的自然资源和广阔的市场潜力，与中国在资源开发和基础设施建设方面的需求高度契合。例如，中国在非洲参与了众多能源和矿产项目，同时还致力于推动当地的工业化和现代化进程。在拉丁美洲，中国企业的投资领域主要包括农业、采矿业和制造业等。

然而，欧洲和北美等发达国家同样吸引着部分中国企业的投资目光。这些地区拥有世界一流的技术、品牌和管理经验，是中国企业寻求全球资源和市场网络拓展的重要目的地。尤其是“一带一路”倡议的深入推进，为国家的经济发展提供了有力支持，促使更多中国企业投身于欧洲和北美的基础设施建设项目和文化交流活动。

值得注意的是，地缘政治和经济环境的不稳定给中国企业对外投资带来了一定的风险和挑战。例如，某些国家对中国企业的投资存在安全审查和贸易保护主义倾向，导致一些投资项目受阻或合作意愿下降。此外，国际金融市场的波动和汇率风险也是中国企业对外投资过程中不可忽视的因素。为了应对这些挑战，中国政府和企业需要进一步加强对外投资的政策支持和风险防范措施。政府可以出台更加优惠的税收政策和金融支持措施，鼓励企业扩大对外投资规模和提高国际化水平。同时，建立健全对外投资的风险评估和管理机制，加强与投资目的国的政策沟通和协调，为企业提供更加稳定和安全的投资环境。此外，企业自身也需要不断加强品牌建设和质量管理，提升在国际市场的知名度和影响力。通过加强与当地企业的合作与交流，可以更好地融入当地市场和文化环境，降低投资风险和成本。同时，企业还需要注重社会责任和可持续发展，积极回馈当地社会，实现互利共赢的合作关系。

2. 我国对外投资的行业战略

近年来，随着中国经济结构的转型升级和“走出去”战略的深入实施，我国对外投资的行业战略也呈现出新的特点和发展趋势。首先，由于中国拥有世界上最大的制造业基础和技术优势，因此在制造业领域的对外投资一直保持着较快的增长速度。中国制造业企业通过对外投资，将生产基地转移到海外，充分利用当地的资源优势和市场条件，进一步扩大生产规模和提高市场占有率。同时，也有助于推动国内制造业的转型升级和优化资源配置。其次，资源开发行业是我国对外投资的重要领域，中国在能源、矿产等资源开发领域的对外投资需求迫切，通过对外投资，中国企业可以获得稳定的原材料供应渠道，保障国内经济发展的需要。同时，也有助于推动中国的能源结构调整和绿色发展。而且随着中国经济的转型升级，高新技术产业的发展已经成为推动经济增长的重要动力，中国的高新技术企业通过对外投资，可以获得先进的技术和人才，提高自身的核心竞争力。同时，也有助于推动中国的科技创新和产业升级。此外，服务业也是我国对外投资的重要领域。随着中国服务业的快速发展和开放程度的提高，服务业已经成为对外投资的新热点。中国服务业企业通过对外投资，可以拓展国际市场、提高品牌影响力，同时也有助于推动中国的服务业创新和转型升级。

3. 我国对外投资的方式与规模战略

随着中国对外投资的规模不断扩大和投资领域的多样化，我国对外投资的方式与规模战略也呈现出新的特点和发展趋势，对外投资方式的选择不仅关系到企业投资的经济效益和风险控制，还涉及国家层面的战略利益和发展目标。因此，探讨我国对外投资的方式与规模战略具有重要的现实意义和理论价值。首先，从对外投资方式来看，中国企业逐渐从以绿地投资为主向绿地投资、并购等多种方式转变。绿地投资是指企业在东道国新建生产设施或扩大现有生产规模的投资方式，这种方式有利于企业更好地适应当地市场需求和产业环境。然而，绿地投资通常需要较长时间才能产生经济效益，且对企业的国际化能力和资源整合能力要求较高。因此，随着中国企业国际化水平的提高和资本实力的增强，并购逐渐成为对外投资的重要方式。通过并购，企业可以快速获得目标企业的资产、技术、品牌和市场份额，提高自身的核心竞争力和国际化水平。其次，从对外投资规模来看，中国企业的对外投资规模呈现出不断扩大的趋势。随着国内市场竞争的加剧和产能过剩的问题逐渐凸显，越来越多的中国企业开始“走出去”开展对外投资。同时，国家层面也在积极鼓励企业扩大对外投资规模，推动中国的产业升级和经济高质量发展。然而，在扩大对外投资规模的同时，企业需要充分考虑自身的经济实力和国际化能力，避免盲目扩张和过度依赖外部市场。

在对外投资方式与规模的战略选择上，政府和企业需要综合考虑多种因素。政府应加强对外投资的指导和支持，完善相关政策和法规体系，提高对外投资便利化程度。同时，还应加强与投资目的国的政策沟通和协调，为企业提供更加稳定和安全的投资环境。在选择对外投资方式时，企业应根据自身的经济实力和国际化能力进行评估和决策。对于经济实力较强、国际化经验丰富的企业，可以采取并购等较为激进的方式进行对外投资；而对于经济实力较弱、国际化经验较少的企业，则可以选择绿地投资等较为稳健的方式进行对外投资。另外，在选择对外投资规模时，企业需要考虑自身的经济实力和市场需求等因素。如果企业拥有较强的经济实力和市场需求，可以适度扩大对外投资规模，以获取更多的经济利益和市场份额；反之，如果企业的经济实力和市场需求有限，则应避免盲目扩张和过度依赖外部市场，以免造成经济损失和经营风险。此外，企业还应积极履行社会责任和可持续发展义务，加强与当地社会的互动与合作，实现互利共赢的合作关系。通过积极参与当地社会公益事业和文化交流活动，可以提高中国企业的国际形象和影响力，为对外投资的长期发展奠定更加坚实的基础。

（三）我国政府对外投资的管理

1. 我国境外投资管理机构及其职能

随着我国经济的快速发展和对外开放的深入推进，对外投资已成为企业发展的重要战略之一。为了更好地推动我国企业对外投资的发展，建立健全境外投资管理机构及其职能显得尤为重要。这些机构作为政府对企业境外投资的指导和支持机构，承担着制定投资政策、评估投资项目、提供投资服务等重要职责。目前，我国负责境外投资管理的机构主要包括国家发展和改革委员会、商务部、国家外汇管理局等。这些机构在境外投资管理中发挥着不同的作用，共同推动中国企业“走出去”开展对外投资。其中，国家发展和改革委员会作为主管境外投资的政府机构，负责制定境外投资政策和规划，审核重大境外投资项目，推动与投资目的国的政策沟通和协调。商务部则负责管理一般境外投资项目，负责企业境外设立公司和机构的核准和备案工作，提供境外投资信息和咨询等服务。国家外汇管理局负责管理外汇收支、资本项目和国际收支等，对境外投资项目的外汇资金进行监管。此外，还有一些其他的政府机构和部门，如财政部、海关、税务等，也在各自领域内对境外投资进行管理和服务。同时，我国还积极发挥行业协会、中介机构等社会组织在境外投资中的作用，为企业提供更加全面和专业的服务。

2. 我国对外投资的管理制度

为了规范对外投资行为，我国政府建立了对外投资审批制度，企业在进行对外投资前，必须向相关部门提交申请，经过审批后方可进行投资。审批内容包括投资主体资格审查、投资项目可行性评估、投资资金来源审核等。通过审批制，可以有效避免企业盲目投资和过度投资，保护国家的经济利益和形象。其次，外汇管理是我国对外投资管理制度的重要组成部分。为了促进外汇市场的健康发展，我国政府不断推进外汇管理改革。目前，我国已实行以市场供求为基础、参考一篮子货币进行调节、有管理的浮动汇率制度。同时，国家还出台了一系列政策措施，如取消强制结售汇制度、实行意愿结售汇制度等，以进一步便利企业对外投资。再者，财务管理是企业对外投资中不可或缺的一环。为了规范企业的对外投资行为，我国政府制定了一系列财务管理制度。企业在进行对外投资前，必须进行财务可行性评估，制定详细的财务计划和预算。同时，企业需建立健全的内部控制制度，确保投资资金的安全和有效使用。此外，企业还需定期进行财务审计和报告，及时披露投资情况和财务状况。此外，税收管理是企业对外投资中需要考虑的重要因素之一。为了鼓励企业“走出去”，我国政府制定了一系列税收优惠政策。例如，对境外所得的税收抵免、境外投资亏损弥补等政策，为企业减轻税负。同时，国家还与多个国家和地区签署了税收协定，为企业提供更加优惠的税收待遇。另外，为了加强对企业对外投资的监管，国家实行了统计、年检和绩效评价制度。企业需定期向相关部门报送对外投资情况，包括投资金额、持股比例、收益情况等。同时，企业还需接受年检和绩效评价，以确保其对外投资行为合法、合规、有效。通过这些制度措施，国家可以及时了解企业的对外投资情况，发现问题并采取相应措施。并且，为了降低企业对外投资的风险，我国政府建立了对外投资保险制度。该制度通过承保政治风险、商业风险等各类风险，为企业提供一定程度的保障。企业在进行对外投资前，可以向相关保险机构申请投保，一旦发生风险事件，可以得到一定程度的经济赔偿。这有助于提高企业的抗风险能力，增强其对外投资的信心和动力。除此之外，为了保护我国企业在境外的合法权益，我国政府积极与其他国家签署双边投资保护协定。这些协定通过规定双方相互保护投资的义务和权益，为企业创造更加稳定和可预测的投资环境。同时，协定还规定了解决投资争议的方式和机制，为企业在海外维权提供了有力的法律支持。

第二节　国际直接投资

一、国际直接投资概述

（一）国际直接投资的含义和分类

国际直接投资是指一国的企业或个人以控制经营管理权为核心，以获取利润为主要目的，通过对外直接投资的方式，在其他国家或地区设立企业或进行项目合作的一种国际投资行为，这种行为不仅仅是资本的跨国流动，更重要的是它涉及到企业经营管理权的跨国转移。从定义上看，国际直接投资的核心在于控制经营管理权，这意味着投资者不仅仅是将资金投入到其他国家的企业或项目中，更重要的是要参与到这些企业或项目的日常经营和决策中，这种控制经营管理权的方式可以是通过拥有企业或项目的全部或部分所有权，也可以是通过签订合作协议或其他方式获得对企业或项目的实际控制权。这种控制权使得投资者能够直接影响到企业或项目的运营和决策，从而更好地实现其投资目标。国际直接投资的另一个重要特征是获取利润。企业进行国际直接投资的最终目的是获得更高的收益。这种收益可以来自于企业规模的扩大、市场份额的增加、生产效率的提高等多个方面。通过对外直接投资，企业可以利用东道国的资源、技术、市场等优势，降低成本，提高竞争力，从而实现利润的最大化。此外，国际直接投资还涉及资本的跨国流动。这意味着投资者需要将资金从母国转移到东道国，用于设立新企业或扩大现有企业的规模，这种资本的跨国流动不仅有助于解决东道国的资金短缺问题，还可以促进母国和东道国之间的经济交流和合作。同时，资本的跨国流动也带来了汇率风险、政治风险等问题，需要投资者在进行国际直接投资时充分考虑和应对。

除了以上几个方面外，国际直接投资还具有一些其他的特点。例如，它通常是一种长期的投资行为，需要投资者在东道国进行长期的经营和管理。此外，国际直接投资还涉及企业经营管理权的跨国转移，这要求投资者具备跨文化管理和跨国经营的能力。同时，国际直接投资也受到东道国政策、法律、文化等多方面因素的影响，需要投资者在进行投资决策时充分考虑这些因素。在全球化背景下，国际直接投资已经成为各国经济发展的重要推动力之一，它不仅可以促进资本、技术、管理等生产要素的跨国流动和优化配置，还可以推动贸易自由化、投资便利化等进程的发展。同时，国际直接投资也为各国企业提供了更广阔的市场和发展空间，有助于提高其竞争力和创新能力。因此，各国政府和企业都应该高度重视国际直接投资的发展和作用，积极采取措施推动其健康发展。

国际直接投资可以根据不同的标准进行分类，其中最常见的是根据投资方式分为跨国并购和新建投资。跨国并购是指一国企业通过购买另一国企业的全部或部分股权或资产，从而获得该企业的控制权或经营权的行为。跨国并购是国际直接投资的一种重要形式，它可以迅速扩大企业的市场份额、获取先进技术和管理经验、提高企业的竞争力和盈利能力。跨国并购还可以通过收购当地的品牌和市场渠道，快速打入国际市场。然而，跨国并购也面临着诸多风险和挑战，如文化差异、法律差异、政治风险等。新建投资是指一国企业在另一国设立新的企业或项目，并拥有全部或部分所有权，进行独立经营和决策。新建投资的优势在于企业可以根据自身战略和发展需要进行投资，更好地掌握经营主动权。新建投资可以采取独资、合资、合作等方式进行，根据不同的情况选择合适的方式。新建投资需要企业自行开拓市场、建立销售渠道、组织生产和经营等，因此需要具备一定的资金实力和经营管理能力。除了以上两种形式外，国际直接投资还可以根据投资的方向和范围进行分类，包括垂直式境外投资、水平式境外投资和多角化境外投资。垂直式境外投资是指一国企业在境外进行的同一产业内的上下游投资行为，即从原材料的采购到产品的生产、销售等环节都在同一企业内完成。这种投资方式的优势在于可以充分利用企业的内部资源和技术优势，实现规模经济和专业化分工，提高生产效率和产品质量。垂直式境外投资适合于具备完整产业链的企业，但在市场开拓和经营灵活性方面可能存在一定的局限性；水平式境外投资是指一国企业在境外进行的相同或相似产品的生产和销售的投资行为，即企业在境外建立生产基地或销售渠道，与国内的生产和销售形成竞争关系。这种投资方式的优势在于可以迅速扩大市场份额、提高市场占有率，同时可以利用当地的资源和市场优势降低成本和提高竞争力。水平式境外投资适合于具备较强市场竞争力的企业，但需要注意防范与国内生产和销售的冲突和风险；多角化境外投资是指一国企业通过在境外进行不同产业或市场的投资，实现多元化经营的战略目标。这种投资方式的优势在于可以降低单一产业或市场的风险，提高企业的整体盈利能力和稳定性。多角化境外投资需要企业具备较强的资源整合能力和经营管理能力，以实现不同产业或市场的协同发展。

（二）影响国际直接投资的因素

1. 政治及社会文化因素

政治因素是影响国际直接投资的重要因素之一，主要包括政治稳定性、政策连续性、法律环境等，如果东道国的政治环境不稳定或者是政策多变，就会给投资者带来很大的风险和不确定性。社会文化因素包括民族文化、价值观念、教育水平等，这些因素在很大程度上决定着人们的消费习惯、行为方式和社会关系，从而影响到企业的生产和经营。如果投资者对东道国的社会文化环境不了解，就可能导致投资决策失误、经营受阻等问题。因此，投资者需要充分了解东道国的社会文化环境，尊重当地的文化习俗，适应当地的市场环境。随着全球化的发展和市场竞争的加剧，越来越多的跨国公司开始注重在全球范围内优化资源配置、扩大市场份额和提高盈利能力。因此，跨国公司在进行国际直接投资时，需要充分考虑自身的国际化程度和能力，选择合适的投资方式和策略，以实现全球化战略目标。

2. 经济因素

影响国际直接投资的经济因素是多方面的，其中最为关键的是市场因素、生产要素因素、经营成本因素以及投资环境因素等。这些因素共同影响着企业的投资决策，从而对国际直接投资的流动和分布产生深远的影响。首先，企业进行国际直接投资的主要目的之一是扩大市场份额、提高市场占有率，在全球化的大背景下，各国市场的相互开放和融合为企业提供了更广阔的发展空，企业可以通过国际直接投资在国外市场设立分支机构或子公司，利用当地的市场资源提高产品的知名度和销售量。随着消费者需求的多样化，企业也可以通过国际直接投资满足不同国家和地区消费者的特殊需求，实现产品的差异化和个性化。其次，生产要素包括自然资源、人力资源、技术资源等，企业在选择投资地点时，需要综合考虑这些生产要素的供应情况和成本。如果一个国家的自然资源丰富、人力资源素质高、技术水平先进，那么这个国家对于国际直接投资就具有较强的吸引力。相反，如果一个国家的生产要素供应不足或成本较高，就会降低该国对国际直接投资的吸引力。此外，企业的经营成本包括生产成本、管理成本、销售成本等。企业在选择投资地点时，需要权衡这些成本的高低。如果一个国家的生产成本、管理成本和销售成本较低，那么这个国家对于国际直接投资就具有较强的吸引力。此外，企业还需要考虑东道国的税收政策、土地政策、融资政策等，这些政策也会对企业的经营成本产生影响。另外，投资环境包括东道国的政治环境、法律环境、经济环境等。良好的投资环境可以为企业提供稳定的生产经营条件，保障企业的合法权益，降低企业的投资风险。因此，企业在选择投资地点时，需要全面评估东道国的投资环境，选择政治稳定、法律健全、经济繁荣的国家进行投资。

3. 风险因素

风险大小也是决定企业对外投资与否的一个重要因素。各国和地区的投资环境不是一成不变的。市场情况随时都会变化，一个国家和地区的政局有时也有变化。因此，投资者总是要处在一个不断变化的环境中。有变动的环境就会有各种风险。投资者在决定对外直接投资之前必须预测投资将会遇到何种风险及风险的大小。

一般投资者都十分注意政治风险，因为政治风险造成的损失比其他风险带来的损失都要严重。在大多数情况下，政治风险可能招致如下结果：

（1）财产损失得不到补偿。

（2）即使财产损失得到补偿，也会失掉所有权与经营权，或者使经营决策权受到限制。

（3）已签订的合同会因新条例、新规定的颁布而被迫修改或失效，或造成合同不能履行等。

（4）提高税率和其他管理费，使经营出现亏损和濒于倒闭等。

二、国际直接投资的具体方式

（一）独资经营

独资经营作为国际直接投资的一种重要方式，在全球化经济中扮演着举足轻重的角色。它是指根据东道国的相关法律法规，在东道国境内设立的企业完全由外商出资，并由外商独立经营的一种投资模式，这种方式的历史悠久，并且至今仍然被广泛采用，尤其受到大型跨国公司的青睐。独资经营的优势首先体现在经营管理的独立性和自主性上。由于独资企业完全由外商出资并独立经营，因此投资者在经营决策、管理模式、市场营销等方面拥有较大的自由度。这使得投资者能够根据自身的战略目标和市场需求灵活调整经营策略，迅速响应市场变化。同时，独资企业也可以更好地保护投资者的商业机密和专有技术，防止技术泄露和不当竞争。其次，独资经营有利于实现企业的全球化战略。通过在国外设立独资企业，跨国公司可以充分利用东道国的资源、市场和劳动力等优势，降低生产成本，扩大市场份额。同时，独资企业也可以作为跨国公司全球生产网络中的一个重要节点，参与全球价值链的分工与合作，提升企业的国际竞争力。此外，独资经营还可以帮助投资者规避一些政治和经济风险。在一些政治不稳定或经济风险较高的国家和地区，通过独资经营的方式可以更好地保护投资者的利益。因为独资企业通常与东道国政府和其他利益相关者的联系较为紧密，能够更及时地获取相关信息和政策动态，从而采取相应的风险防范措施。

同时，独资企业在东道国市场上面临着文化差异和语言障碍等问题。这可能导致企业在市场开拓、人员管理和沟通协调等方面遇到一定的困难，而且独资企业还可能面临东道国政策变化等不确定性因素带来的风险，为了克服这些挑战和风险，投资者在采取独资经营方式时需要进行充分的市场调研和风险评估。在选择投资地点时，需要考虑东道国的政治稳定性、经济发展前景、法律法规完善程度等因素。同时，还需要了解东道国的文化习俗和消费习惯等差异性因素，以便更好地融入当地市场。在经营管理过程中，也需要注重与当地政府和其他利益相关者的沟通协调，以获取更多的支持和帮助。

（二）合资经营

合资经营作为国际直接投资的一种重要方式，具有其独特的优势和特点。在全球化的大背景下，合资经营为不同国家的企业提供了更广阔的合作空间和机遇，成为跨国公司实现全球化战略的重要手段之一。首先，不同国家的企业在技术、品牌、市场渠道、管理等方面各有优势，通过合资经营可以将这些优势资源进行整合，共同发挥各自的优势，实现资源共享和优势互补。这种合作方式可以降低生产成本、提高生产效率、增强市场竞争力，为合资企业带来更大的商业利益。其次，合资经营有利于降低风险和分散投资。在市场经济条件下，企业面临着多种多样的风险，如市场风险、技术风险、经营风险等。通过合资经营，可以将风险分散到各出资方，共同承担风险，减少企业的经营压力。同时，合资经营还可以提供更多的资金支持，扩大企业的规模和业务范围，进一步降低投资风险。此外，不同国家的企业有着不同的文化背景和管理理念，通过合资经营可以促进文化交流和融合，在合资经营的过程中，各方可以相互学习、相互借鉴，了解不同国家和地区的文化差异和商业习惯，增强跨文化沟通能力，提高企业的国际化水平。

合资经营需要各方共同协商和决策，在经营管理上需要一定的磨合期。由于各方有着不同的利益诉求和管理理念，在决策过程中容易出现分歧和矛盾，需要各方充分沟通、协商和妥协。其次，合资经营需要各方共同承担风险和责任，在合作过程中需要建立互信和协作机制。由于各方的企业文化和管理风格不同，在合作过程中容易出现沟通障碍和信任危机，需要各方建立互信关系、加强协作意识。在选择合作伙伴时，需要考虑对方的企业实力、信誉度、资源和能力等要素，以确保合作的可行性和稳定性。同时，在合作过程中需要建立完善的沟通和协商机制，及时解决分歧和问题，确保合作的顺利进行。此外，还需要建立科学的管理体系和风险控制机制，加强企业内部管理和风险防范能力，降低合作风险对企业的影响。

合资企业通常是由两个或多个国家的企业共同出资设立的，各出资方按照出资比例分享企业的股权。这种合资方式使得各出资方共同参与企业的经营管理，并共同承担风险。而且，合资企业的投资通常由各出资方共同出资，可以是现金、设备、技术、土地使用权等形式的投资。共同投资有助于分散投资风险，扩大企业的资本规模，提高企业的竞争力。再者，合资企业通常由各出资方共同经营，各出资方按照出资比例分享企业的经营管理权。共同经营有助于实现各出资方的优势互补，提高企业的经营效率和管理水平。此外，合资企业各出资方共同承担企业的风险。当企业经营出现问题时，各出资方需要按照出资比例承担相应的风险和损失。这种风险共担机制有助于降低单个出资方的风险，提高企业的稳定性。另外，合资企业各出资方按照出资比例分享企业的利润和承担企业的亏损。当企业盈利时，各出资方可以按照出资比例获得相应的利润；当企业亏损时，各出资方也需要按照出资比例承担相应的亏损。这种共负盈亏机制有助于激励各出资方更加积极地参与企业的经营管理。不仅如此，合资企业通常是长期合作的机制，各出资方通过合资经营实现长期合作和共同发展。这种长期合作有助于建立稳定的合作关系，促进各出资方的共同成长和繁荣。除此之外，合资企业通常涉及多个出资方的利益和经营管理权，组织结构相对复杂。各出资方需要建立有效的沟通和协调机制，明确各自的权利和义务，确保合资企业的顺利运营和管理效率。

（三）合作经营

合作经营的核心在于契约。这种合作模式基于平等、自愿的原则，各参与方通过签订具有法律约束力的合同明确各自的权益和义务。这不仅为各方提供了一个稳定和透明的合作框架，也确保了各方的权益不受侵害。在合作经营中，共同投资和共同经营是两个重要的方面。共同投资意味着各参与方按照协议投入资金、技术或其他资源，形成了一个共享利益和风险的整体。这种投资模式有助于分散单个投资者可能面临的风险，提高整体的投资回报。共同经营则强调各参与方在决策、管理上的协同作用，充分利用各自的专业知识和经验，提高整体运营效率。合作经营在国际经济合作中展现出显著的优势。首先，合作经营有助于实现资源共享。在全球范围内，每个企业都有其独特的资源和市场优势。通过合作，各方可以整合这些优势，实现资源的最佳配置，提高整体竞争力。其次，在复杂多变的商业环境中，任何企业都可能面临各种风险，如市场波动、技术更新等。通过与其他企业合作，可以共同应对这些风险，降低个体所承担的风险。此外，合作经营还有助于提高管理效率和创新能力。当不同文化和背景的企业走到一起时，他们可以相互学习、借鉴先进的经营理念和管理方法。这种跨文化的交流与合作常常激发出新的创新点子和管理模式，推动企业持续进步。

（四）合作开发

在全球化背景下，各国经济发展所需的能源和矿产资源日益紧缺，而合作开发则为资源国提供了利用外部资金和技术资源的机会。通过与外国投资开发公司的合作，资源国能够加快本国资源的开发进程，提高资源利用效率，促进经济发展。合作开发的特点主要体现在以下几个方面。首先，合作开发具有国际性。它不仅涉及不同国家的参与方，还涉及国际市场的竞争与合作。其次，合作开发具有技术密集型的特点。外国投资开发公司通常拥有先进的勘探和开发技术，能够为资源国提供技术支持和培训，推动其技术进步和产业升级。此外，合作开发还具有长期性的特点。双方通过签订长期合同，建立起稳定的合作关系，共同应对市场风险和不确定性。合作开发的优势在于能够实现资源、资金和技术的优化配置，对于资源国而言，合作开发为其提供了获取外部资金和技术支持的机会，推动了本国资源的有效开发和利用，而且对于外国投资开发公司而言，合作开发为其提供了进入资源国市场的机会，扩大了市场份额和商业机会，并且合作开发还有助于推动全球经济的交流与合作，促进各国经济的共同繁荣与发展。

然而，合作开发也面临着一些挑战和风险。首先，政治风险是合作开发中不可忽视的因素。资源国的政治稳定性、政策连续性和法律法规的完善程度等都会对合作项目的实施产生影响。其次，经济风险也是合作开发中需要考虑的重要因素。石油和天然气等矿产资源的价格波动、市场需求变化以及汇率波动等因素都可能对合作项目的经济效益产生影响。此外，技术风险和文化差异也是合作开发中需要克服的难题。外国投资开发公司可能需要向资源国转让一定的技术和管理经验，而技术转让的难度和成本也需要考虑。同时，不同国家之间的文化差异也可能影响合作项目的顺利实施。为了应对这些需要采取一系列有效的措施。首先，双方应加强政治风险的评估和预防。在项目实施前，应对资源国的政治稳定性、政策连续性和法律法规等进行深入调查和研究，以确保项目的顺利实施。其次，双方应加强经济风险的管控。在项目实施过程中，应密切关注市场动态和汇率波动等因素，制定合理的商业计划和市场策略，降低项目的经济风险。此外，双方还应加强技术风险的管理和防范。在技术转让过程中，应充分考虑技术难度和成本等因素，制定科学的技术转让方案和管理计划。同时，双方还应加强文化交流与沟通，促进文化融合和相互理解，降低文化差异对项目实施的影响。

（五）BOT投资方式

BOT投资方式，即建设-运营-转让模式，自20世纪70年代在美国和其他发达国家兴起以来，已成为全球范围内基础设施项目融资的常见模式。它不仅为政府提供了一种引入私人资本进行基础设施建设的新途径，同时也为投资者提供了一个参与大型基础设施项目的新机会。BOT投资方式的核心理念在于通过引入私营部门资本来加快基础设施建设，并在项目完成后将其转交给政府。这种模式的关键在于特许经营权协议，该协议明确了项目公司、政府和公众之间的权利与义务关系。项目公司在特许经营期内负责项目的建设、融资、运营和维护，而政府则负责提供必要的支持和监管。BOT投资方式的特点主要体现在以下几个方面。首先，它能够减轻政府的财政负担。由于私营部门承担了项目的建设成本和融资风险，政府可以在不增加财政负担的情况下实现基础设施的建设。其次，BOT模式能够提高项目的运作效率和效益。私营部门在追求利润的同时，会更加注重项目的社会效益和经济效益，从而提高项目的运营效率和管理水平。此外，BOT模式还能够引入先进的技术和管理经验，推动基础设施领域的创新和发展。

由于BOT项目通常需要大量的资金投入，且回报期较长，因此需要寻求多元化的融资渠道和资金来源。此外，BOT项目通常涉及复杂的法律、金融和工程问题，需要专业化的团队进行管理和协调。同时，BOT项目的建设和运营过程中可能会遇到各种不可预见的风险因素，如政治风险、市场风险等，需要采取有效的风险管理和应对措施。这就需要私营部门提高自身的专业能力和管理水平，加强项目风险评估和风险管理，降低项目的投资风险和经营风险。此外，政府和私营部门还应加强合作与沟通，建立互信机制和合作平台，共同推动BOT项目的顺利实施。

第三节　国际证券投资

一、国际证券投资概述

国际证券投资主要涉及在国际金融市场上购买和持有外国证券的行为。这些证券包括股票、债券、基金等金融产品，为投资者提供了多元化的投资选择。与国内证券投资相比，国际证券投资具有更广泛的投资范围和更高的投资收益潜力，但同时也伴随着更大的风险和不确定性。国际证券投资的动机多种多样。首先，投资者希望通过国际证券投资实现更高的收益。由于不同国家的经济和金融环境存在差异，国际证券市场的投资机会和收益水平也各不相同。通过投资于具有更高收益潜力的发展中国家或新兴市场，投资者可以获得更丰厚的回报。其次，投资者还希望通过国际证券投资分散投资风险。通过将资金投向不同的国家和地区，投资者可以降低单一市场或地区的风险敞口，实现投资组合的多元化。此外，一些大型企业和机构投资者还可能出于全球战略布局的考虑，通过国际证券投资来扩大市场份额、获取资源或开展跨国合作。

为了降低国际证券投资的风险并提高投资回报，投资者需要采取一系列的风险管理措施。首先，投资者应充分了解被投资国家和地区的政治、经济和金融环境，评估其稳定性和发展潜力。其次，投资者应根据自身的风险承受能力和投资目标合理配置不同地区和行业的证券资产，通过分散投资组合，降低单一资产的风险敞口。此外，投资者还应关注汇率风险，采取相应的对冲措施或选择以本币计价的国际证券产品。同时，投资者还应加强与当地金融机构和专业投资者的合作与交流，获取更多的市场信息和投资建议。

二、国际股票投资

（一）股票的定义和基本特征

1. 股票的定义

股票，这个金融领域的核心概念，体现了现代企业制度和市场经济的重要特征。作为一种有价证券，它是股份有限公司赋予股东的权益证明，不仅体现了公司的产权关系，更在无形中塑造了社会经济的运作模式。股票的本质不仅仅是纸面上的证明，它代表了股东与公司之间的权益关系。持有股票意味着拥有对公司的部分所有权的，以及由此带来的一系列权利。这些权利包括但不限于参与股东大会、投票表决、参与公司重大决策等，确保了股东能够直接或间接地参与到公司的经营活动中，并对公司的发展方向产生影响。股东在享有公司决策参与权的同时，也要承担相应的责任和风险。股东的出资额是有限的，也就是说，即使公司遭遇经营危机或破产清算，股东的损失也不会超过其初始投资的金额。这种有限责任制度是现代企业制度的核心原则之一，它鼓励投资者在追求收益的同时，不必过度担心风险，从而促进了资本市场的活跃度和公平性。此外，股东通过持有股票，可以定期获得公司的股息或红利。这种收益通常与公司的经营状况和盈利水平密切相关，因此，股票的价格也会随着公司业绩的变化而波动。正是这种波动性，使得股票成为一种高风险、高回报的投资工具，吸引了大量投资者。我国的公司法对股票的形式和内容也作出了明确规定。股票必须采用纸面形式或其他法定形式，并且必须载明公司名称、成立日期、股票种类、票面金额及代表的股份数量等重要信息。此外，股票上还需有法定代表人签名和公司盖章，以确保其真实性和合法性。对于发起人的股票，还应当标明发起人股票字样，以示区别。

2. 股票的基本特征

决策性是股票的一个显著特征。持有股票意味着股东拥有参与公司决策的权利。这种权利的大小与股东所持有的股份数量直接相关。通常，持有更多股份的股东在股东大会上具有更大的投票权，能够对公司重大决策产生实质性影响。这种决策机制确保了股东权益与公司经营管理的紧密结合，从而促使公司更加注重股东利益，实现良性的经营循环。然而，决策性也意味着风险。股票投资者能否获得预期的回报，首先取决于企业的盈利情况。如果盈利丰厚，股东可能获得可观的分红；反之，如果企业亏损或经营不善，股东的回报将大打折扣甚至面临投资亏损的风险。此外，股票市场波动也可能导致投资者面临巨大的资本损失风险。因此，投资者在做出投资决策时，需要充分评估公司的经营状况和盈利能力及市场风险等因素。其次，股票具有不可偿还性。一旦投资者购买了某公司的股票，就不能中途要求退股，只能通过股票市场进行转让。这意味着投资者的资金被长期锁定在公司中，无法随时抽回。这种不可偿还性要求投资者在购买股票时必须充分考虑自己的长期财务规划和风险承受能力，避免做出冲动的投资决策。此外，价格的波动性也是股票的一个重要特征。股票价格受到多种因素的影响，包括公司的经营状况、盈利能力、行业趋势、市场供求关系、宏观经济环境以及投资者心理预期等。这些因素的综合作用导致了股票价格的波动性。这种波动性使得股票投资成为一种高风险、高回报的投资行为。投资者需要根据市场走势和各种信息灵活应对价格波动，把握买卖时机，以实现投资收益的最大化。为了降低投资风险，投资者应充分了解公司的基本面信息，如财务状况、业务模式、管理层能力等，以评估公司的潜在价值和未来发展前景。同时，投资者还需要关注宏观经济环境、政策走向、市场供需状况等宏观因素，以更好地把握股票市场的整体趋势和风险水平。

（二）股票市场

股票市场是一种证券交易平台，投资者通过购买和出售股票进行交易，以达到投资或融资的目的。股票市场由上市公司、投资者、证券交易所和监管机构等多个主体构成，这些主体通过股票市场相互联系、相互影响，形成了一个复杂的经济系统。股票市场为企业提供了融资渠道，尤其是对于那些处于初创期或扩张期的企业而言，通过发行股票可以筹集到大量资金，用于支持企业的发展和运营。其次，股票市场为投资者提供了投资机会，投资者可以通过购买股票实现资产的增值，同时也可以通过股票市场进行风险分散，降低投资风险。最后，股票市场通过价格的波动反映供求关系和市场预期，从而引导资源流向高效率的领域和企业，优化资源配置。股票市场的运行机制主要包括发行和交易两个环节。发行环节是指企业通过发行股票筹集资金的过程，包括定价、发行方式、发行时机等要素。交易环节是指投资者在二级市场上买卖股票的过程，包括交易方式、交易成本、交易效率等要素。股票市场的运行机制受到多种因素的影响，包括市场供求关系、政策法规、信息披露等。股票市场对经济的影响主要体现在以下几个方面：首先，进了资本的形成和积累，其次，推动了实体经济的发展；第三，提高了资本市场的整体效率。

然而，股票市场也存在一定的风险和挑战。例如市场波动、信息不对称、过度投机等问题可能导致股价偏离其内在价值，给投资者带来损失。此外，监管不到位、制度不健全等问题也可能导致市场出现不公平交易、内幕交易等行为，损害市场的公平性和公正性。因而相关监管机构应加强对股票市场的监管和规范，提高市场的透明度和公正性，保护投资者的合法权益。

（三）股票价格指数

股票价格指数，作为反映股票市场动态的重要指标，不仅是投资者进行投资决策的重要参考，也是经济学家和政策制定者研究经济状况的重要依据。股票价格指数不仅揭示了股票市场的总体趋势，还反映了市场对未来经济走势的预期。股票价格指数的计算涉及对一系列有代表性的公司发行的股票进行加权平均。这些公司在市场中具有一定的规模和影响力，因此它们的股价变动能够大体上反映出整个市场的趋势。加权平均的方法考虑了不同股票的市值，市值较大的股票对指数的影响较大，从而使得指数能够更准确地反映市场的整体状况。股票价格指数的编制方法有多种，其中最常见的是市值加权法和等权法。市值加权法以股票的市值作为权重进行加权平均；等权法则将所有股票视为等价，同等对待。这两种方法各有优缺点，市值加权法能够更准确地反映市场走势，但受大市值股票的影响较大；等权法则相对稳健，但可能无法充分反映市场变化。股票价格指数的意义在于，它为投资者提供了一个判断市场整体走势的工具。通过观察指数的涨跌，投资者可以了解市场的热度，从而作出相应的投资决策。此外，股票价格指数还是宏观经济形势的“风向标”。由于股市通常被认为是经济的晴雨表，当整体经济形势良好时，股票价格指数通常会上涨；反之则会下跌。因此，通过研究股票价格指数的变化，经济学家和政策制定者可以更好地理解经济运行状况，并制定相应的政策。还需要注意的是，股票价格指数的编制方法和样本选择对指数的准确性也有一定影响。不同的编制方法可能会产生不同的结果，而样本的选择也可能存在主观性和偏见。因此，投资者在参考指数时需要了解其编制方法和样本选择，以便更好地评估其准确性和可靠性。

三、国际债券投资

（一）国际债券的分类

国际债券市场是全球金融体系的重要组成部分，为投资者提供了多元化的投资选择。根据发行地和计价货币的不同，国际债券主要分为外国债券和欧洲债券两类。外国债券，是指某一国借款人在本国以外的某一国家发行以该国货币为面值的债券。它的特点是债券发行人属于一个国家，而债券购买者则来自另一个国家。例如，一家美国公司在日本发行的日元债券就是外国债券。外国债券的发行通常受到严格的监管，需要满足发行地国家的法律法规要求。此外，外国债券的评级通常由国际知名的评级机构进行评估，以增加投资者的信心。欧洲债券的名称源于其最初在欧洲市场上的流行。如今，欧洲债券的发行已经不再局限于欧洲市场，而是在全球范围内广泛流通。欧洲债券的显著特点是其计价货币与发行国家无关，可以是美元、欧元、日元等国际货币。这种特性使得欧洲债券成为跨国公司进行全球融资的重要工具。

在欧洲债券市场中，存在一种特殊的类型——全球存托凭证。全球存托凭证是由一家国际银行根据存托协议代表投资者发行的可转让股票证书，这些股票通常存放在国外保管人处。全球存托凭证的特点是可以在多个交易所流通交易，投资者可以随时买卖全球存托凭证，操作简便且流动性强。通过全球存托凭证，投资者可以间接持有国外公司的股票，无须经过烦琐的跨境直接投资程序。此外，还有另一种被称为“离岸债券”的欧洲债券种类。离岸债券通常由一些大型国际银行发行，计价货币为自由兑换货币，如美元、英镑、欧元等。离岸债券的发行主要面向国际投资者，其特点是发行条件较为灵活，且能够为发行人提供低成本的融资渠道。为了更好地了解国际债券市场的运作机制和发展趋势，投资者应关注全球经济动态、政策走向以及市场供需变化等方面的影响因素。同时，投资者还需提高自身的投资素养和风险意识，掌握国际债券投资的相关知识和技巧，以实现稳健的投资回报。

（二）国际债券的发行市场和流通市场

发行市场是国际债券市场的基石。它为筹资者提供了一个平台，使他们能够通过发行债券来筹集资金。对于发行人而言，发行市场的主要功能是提供资金，满足其投资和经营的需求。而为了成功发行债券，发行人需要选择合适的金融机构作为承销商，协助其完成债券的定价、发行和销售。这些金融机构在发行市场中发挥着至关重要的作用，他们不仅为发行人提供专业的咨询服务，还通过自身的网络和渠道将新发行的债券推向更广泛的投资者群体。其次，流通市场是国际债券市场活力的源泉。在这个市场上，投资者可以根据自身的风险偏好和投资目标买卖已经发行的债券。流通市场的存在使得债券的流动性极大增强，为投资者提供了更多的投资机会和选择。同时，流通市场还为投资者提供了一个评估和比较不同债券的平台，帮助他们做出更明智的投资决策。在这个市场中，价格机制发挥着重要的作用，通过价格的波动反映供求关系和市场预期，从而引导资源的合理配置。值得注意的是，发行市场和流通市场并非孤立存在，而是相互依存、相互促进的关系。发行市场的发展为流通市场提供了充足的债券供应，吸引了更多的投资者参与交易。而流通市场的活跃又反过来促进了发行市场的发展，为发行人提供了更多的融资机会。这种良性循环进一步提升了国际债券市场的整体效率和活力。

为了维护市场的健康发展，国际债券市场的参与者也应积极履行自身的责任和义务。发行人应确保信息披露的完整性和准确性，保护投资者的合法权益。承销商和其他中介机构应发挥专业优势，为发行人和投资者提供优质的服务和咨询。

在国际债券市场上，发行债券一般需要专门的评级机构对发行人的资信及债券进行分析，并评定其信用等级，以供投资者参考。国际上比较具有权威性的资信评级机构有美国的标准·普尔公司和穆迪投资服务公司，其对债券发行人的评判标准和评判依据见表7-1。随着金融全球化的发展，我国金融机构发行的外币债券越来越多，2019年中国农业银行、中国银行、中国建设银行长期信用评级均为A；政策性银行，如国家开发银行的长期信用评级为AA-；商业银行，如招商银行发行的长期信用评级为BBB+。

表7-1　国际债券等级的评判标准和评判依据

标准·普尔等级	穆迪等级	含义	质量说明	投资性质
AAA	Aaa	最高级	质量最佳，本息支付能力极强	投资级
AA	Aa	高级	本息支付能力很强	
A	A	中高级	质量较佳，支付能力较强，但易受经济波动影响	
BBB	Baa	中级	质量尚可，但易受外界因素影响	
BB	Ba	中低级	中等品质，具有一定的投机性，保障条件中等	
B	B	较差，半投机	具有投机性，本息缺乏足够保障	投机级
CCC	Cam	差，明显投机	能支付本息，但无保障。经济波动时可能停付	
CC	Ca	差，风险大	投机性强，本息基本没有保障，潜在风险极大	
C	C	风险极大	没有能力支付本息	
D	D	最低级	企业已发生违约行为	

四、国际证券投资分析

（一）基本分析

1. 宏观经济因素分析

在当今全球经济一体化的背景下，国际证券投资已经成为了投资者进行资产配置的重要方式。对于投资者而言，深入理解并分析各国的宏观经济因素是进行国际证券投资决策的关键环节。宏观经济因素是影响一国证券市场的主要因素之一，它涵盖了经济增长、通货膨胀、利率、汇率等多个方面，这些因素对证券市场的运行和证券价格产生着深远的影响。经济增长是宏观经济分析的核心内容，是影响证券市场的重要因素。经济增长对证券市场的影响主要体现在两个方面：一方面，经济增长能够促进企业盈利增加，进而推动证券价格上涨；另一方面，经济增长能够提高市场信心，增加投资者对证券市场的需求，从而促进证券市场的活跃度和流动性的提高。通货膨胀是影响一国经济和证券市场的另一个重要因素。适度的通货膨胀有利于刺激经济增长，但过度的通货膨胀会导致货币贬值，降低投资者对证券市场的信心，进而影响证券市场的稳定。投资者在进行国际证券投资时，需要关注各国通货膨胀的情况及其对证券市场的影响。利率的变动也是影响国际证券投资的重要因素。利率的变化直接影响到证券的预期收益和投资者的资金成本。当利率下降时，投资者可能会将资金更多地投向证券市场，从而推动证券价格上涨；相反，当利率上升时，投资者可能会减少对证券市场的投资，导致证券价格下跌。汇率的波动对国际证券投资的影响不容忽视。汇率的变化会影响本国商品在国际市场上的价格和竞争力，进而影响上市公司的业绩和证券价格。同时，汇率的波动还可能引发资本流动的变动，对国际证券市场产生冲击。

2. 行业因素分析

不同的行业在不同的经济环境下表现出不同的景气度和增长潜力，因此投资者在进行国际证券投资时，需要对行业因素进行深入的分析和评估。首先，行业的生命周期可分为初创期、成长期、成熟期和衰退期。在初创期，行业增长迅速，但风险较大；在成长期，行业增长稳定，盈利能力增强；在成熟期，行业增长放缓，但竞争格局稳定，企业盈利能力较强；在衰退期，行业增长停滞甚至下滑，企业盈利能力较弱。投资者需要根据自己的风险偏好和投资目标选择处于不同生命周期的行业。其次，行业的竞争程度、市场集中度、企业的市场份额和竞争策略等都会影响行业的盈利能力和未来发展前景。投资者需要了解行业的竞争格局和企业竞争力，以评估行业的潜在增长和盈利能力。此外，随着科技的进步和社会的发展，一些行业可能会逐渐衰退甚至消失，而一些新兴行业可能会崛起。投资者需要关注行业的发展趋势和未来发展方向，以把握行业的长期投资机会。另外，各国的产业政策和行业法规都会对行业的发展产生影响。投资者需要了解各国的产业政策和法规变化，以评估其对行业的影响和潜在的投资机会。在进行国际证券投资时，投资者需要对以上行业因素进行全面的分析和评估。通过对行业周期、竞争格局、发展趋势和政策环境的综合分析，投资者可以更好地把握行业的潜力和风险，进而作出更加理性和科学的投资决策。同时，投资者还需要关注各国的经济形势和市场动态，及时调整自己的投资组合和风险控制策略。

3. 公司因素分析

公司因素是指影响面只波及一个公司股价的因素。影响单一公司股价的因素很多，主要有公司的行业地位、主营业务状况、财务状况及一些重大事项和资产重组等，在此结合一些指标来分析公司的财务状况。

（1）偿债能力分析。公司偿债能力包括短期偿债能力和长期偿债能力两方面。短期偿债能力是指公司以流动资产支付流动负债的能力，主要指标有流动比率和速动比率两种。

流动比率是指在一年内变现的资产与一年内必须偿还的负债的比值。一般流动比率越高，短期偿债能力越强，其计算公式为：

$$流动比率=\frac{流动资产}{流动负债}$$

速动比率是指速动资产与流动负债的比值，速动资产是指流动资产剔除存货等变现能力较差的资产后的资产，因此，速动比率能更准确地衡量公司的短期偿债能力，一般速动比率为1比较合适，其计算公式为：

$$速动比率=\frac{流动资产-存货-预付费用}{流动负债}$$

长期偿债能力是指按照债务合同约定在1年以后需要偿还的债务。主要指标有资产负债率、产权比率、已获利息倍数等。

资产负债率是负债总额与资产总额的比值，资产负债率越低，公司债务偿还的安全性越大，其计算公式为：

$$资产负债率=\frac{负债总额}{资产总额}$$

产权比率是指负债总额与股东权益的比值。该比值说明在公司清算时债权人权益的保障程度，产权比率越低，偿还债务的资本保障程度越大，其计算公式为：

$$产权比率=\frac{负债总额}{股东权益}$$

已获利息倍数是指企业支付利息和缴纳所得税前的利润与利息费用之比。企业举债经营的原则是利用债务资金所能赚取的利润必须大于举债付出的利息，这样企业在支付利息后才能盈利。一般该比值要大于1，否则企业可能面临债务支付上的困难。其计算公式为：

$$已获利息倍数=\frac{净利润+利息费用+所得税}{利息费用}$$

（2）资产运用效率分析。企业资产运用效率反映了企业是否充分利用其现有资产创造利润。其主要指标及计算公式为：

$$总资产周转率=\frac{销售收入}{平均总资产}$$

$$现金周转率=\frac{销售收入}{平均现金余额}$$

$$存货周转率 = \frac{销货成本}{期初、期末平均存货}$$

$$固定资产周转率 = \frac{销售收入}{平均固定资产}$$

（3）收益能力分析。收益能力是指企业利用现有资源创造利润的能力。其主要指标及计算公式为：

$$每股盈余 = \frac{税后利润 - 优先股股利}{发行在外的普通股总数}$$

$$市盈率 = \frac{每股市价}{每股盈余}$$

$$普通股权益报酬率 = \frac{税后净利润 - 优先股股利}{平均普通股权益}$$

（二）技术分析

1. 道氏理论

道氏理论是技术分析领域中的重要理论之一，由美国股票分析师查尔斯·H·道创立。该理论不仅对股票价格的变动趋势进行了深入的剖析，而且构建了一种以整体市场走势为核心的分析框架，为投资者提供了理解和预测市场动态的重要工具。首先，在道氏看来，收盘价是单位时间段的末尾通过市场各方博弈定出的最后价格，具有极高的信息含量和可靠性。这是因为，在一天的交易中，收盘价是市场对该股票全天价值的集中体现，反映了市场对该股票未来走势的预期。因此，通过分析收盘价的变化，可以有效地把握市场整体趋势的动态。

其次，道氏理论将股票价格的波动趋势分为三种，分别是主要趋势、次要趋势和短暂趋势。主要趋势是整体市场的长期趋势，通常持续数月甚至数年，对市场的影响深远而广泛；次要趋势是在主要趋势中出现的中期调整，持续数周至数月，是对主要趋势的调整和修正；短暂趋势则是短期内的价格波动，通常持续数天至数周。这种对趋势的划分不仅帮助投资者从不同时间尺度上理解市场走势，还提醒投资者注意在主要趋势中可能出现的中期调整。此外，在道氏看来，成交量是反映市场供求关系的重要指标。当股价上涨时，如果成交量同步放大，则表明市场的买入需求强劲，上涨趋势可能得到巩固；相反，如果股价上涨而成交量却萎缩，则表明市场的买盘力量不足，上涨趋势可能难以持续。同理，在下跌趋势中，如果成交量放大，则表明市场的卖压较重，下跌趋势可能得到确认。因此，通过分析成交量的变化，可以进一步验证市场走势的有效性。道氏理论的可操作性虽然较差，但它的价值在于为投资者提供了一种理解和预测市场动态的框架。它提醒投资者关注市场的整体趋势和中期调整，并重视成交量在验证趋势中的作用。尽管道氏理论在应对市场突变时具有一定的滞后性，但作为经典技术分析理论的基础，它仍然对当今的技术分析和投资策略具有重要的指导意义。道氏理论的核心思想是：市场走势具有惯性，一旦形成某种趋势，就会有一定的持续性。因此，投资者应该根据市场趋势采取相应的投资策略。在主要趋势中，中期调整通常是买入或卖出的机会；而在短暂趋势中，由于其易变性较大，通常不适宜进行大规模的操作。

2. 移动平均线

移动平均线（moving average，MA）是以道·琼斯的“平均成本概念”为理论基础，运用统计学中“移动平均”的原理，将一段时间内的股票价格平均值连成曲线，用来显示股价的历史波动情况，进而反映股价指数未来发展趋势，它是道氏理论的形象化表述。移动平均线依计算周期分为短期、中期和长期移动平均线，其计算公式为：

$$\mathrm{MA}=\frac{C_1+C_2+\cdots+C_N}{N}$$

式中，C为每日收盘价；N为计算周期。

美国著名的技术分析专家葛兰维尔根据K线与一条移动平均线之间的关系，给出了判断买卖的信号，即为移动平均线八大法则。

思考与练习

1. 什么是国际投资？它具有哪些特征？
2. 试述国际投资理论的发展过程。
3. 我国对外投资管理制度包括哪些主要内容？
4. 什么是国际直接投资？它有哪些具体的方式？
5. 影响国际直接投资的因素有哪些？
6. 什么是国际证券投资？它分为哪些种类？

参考文献

[1] 郑淳，刘婧蓉，张奕岫，等.从供需出发，立足承销做市一体化，推动债券市场高质量发展[J].金融市场研究，2023（9）：102-110.

[2] 邵丹青，黎菁.债券市场支持可持续发展导向的乡村振兴[J].金融市场研究，2023（8）：92-98.

[3] 刘锋，聂天奇.中国特色债券市场进入新发展阶段[J].中国金融，2023（11）：53-55.

[4] 王洋.如何选择适合自己的工具构建投资组合？[J].现代商业银行，2023（22）：32-33.

[5] 毕明凯.产业结构升级背景下的投资环境评估与对策研究[J].中国产经，2023（21）：140-142.

[6] 赵惠.投融资体制改革绩效评价[J].宏观经济管理，2023（1）：19-25.

[7] 李文秀.投资者情绪对股票市场收益率影响的实证研究[J].老字号品牌营销，2022（24）：55-57.

[8] 侯宇恒，许文立，冯冬发.气候变化对资产收益率的影响研究[J].金融论坛，2023，28（11）：47-59.

[9] 陈朴，孙丹.贸易政策不确定性的风险溢出与股票收益[J].中国经济问题，2023（5）：99-114.

[10] 罗晶，李思叡.宏观经济周期下中国股市基本面因子的风险溢价变化研究[J].征信，2023，41（9）：61-67.

[11] 刘仁和，吴佳其，吴龙基.金融市场风险溢价与企业雇佣调整[J].金融经济学研究，2023，38（3）：51-65.

[12] 余浩源."双高"可转债投资风险探析[J].中国管理信息化，2023，26（9）：118-121.

[13] 李欣珏，夏红玉，牛霖琳.中国城投债风险溢价的及时性度量与预测：基于适应性网络自回归算法的分析[J].计量经济学报，2023，3（1）：259-285.

[14] 郭浩，许志钊.基于风险管理的国有企业资产管理研究[J].中国市场，2023（32）：107-110.

[15] 田亚.银行信贷资产处置面临的风险及防范措施研究[J].中国市场，2023（21）：53-56.

[16] 王福英，周进升.数字资产风险探析[J].合作经济与科技，2023（19）：114-116.

[17] 赵志君，刘美欣，张晓奇.多风险资产的投资组合选择与异质性资产定价研究[J].经济学动态，2023（4）：59-78.

[18] 蒋崇辉，张健夫.资产组合选择：极端损失约束的作用[J].当代财经，2022（9）：64-74.

[19] 周春阳，吴冲锋.引入方差/波动率资产的动态最优投资组合[J].管理科学学报，2023，26（1）：105-115.

[20] 朱波.基于远期合约对冲外币汇率风险的会计处理探讨[J].财会通讯，2023（3）：100-104.

[21] 李裕广.股指期货定价效率研究[J].经济研究导刊，2022（19）：99-102.

[22] 吴辉航，游旭挺，殷子涵.中国外资私募证券基金行业发展现状及未来展望[J].清华金融评论，2022（6）：107-112.

[23] 李潇，韩剑.数字型跨国公司国际直接投资的区位选择：理论变革、新型特点与中国因应[J].经济学家，2023（10）：65-75.

[24] 邓闯.经济政策不确定性对国际证券资本流动的影响研究[J].中国商论，2022（21）：98-100.